열두 개의 달을 만나다

열두 개의 달을 만나다

초판 1쇄 발행 2021년 2월 24일

지은이 유기순
펴낸이 장길수
펴낸곳 지식과감성#
출판등록 제2012-000081호

디자인 이현
편집 이현
교정 김혜련
마케팅 고은빛, 정연우

주소 서울시 금천구 벚꽃로298 대륭포스트타워6차 1212호
전화 070-4651-3730~4
팩스 070-4325-7006
이메일 ksbookup@naver.com
홈페이지 www.knsbookup.com

ISBN 979-11-6552-729-7(03810)
값 13,000원

ⓒ 유기순 2021 Printed in Korea

잘못된 책은 구입하신 곳에서 바꾸어 드립니다.
이 책의 전부 또는 일부 내용을 재사용하려면 사전에 저작권자와 펴낸곳의 동의를 받아야 합니다.

홈페이지 바로가기

열두 개의 달을 만나다

우리는 서로 바라보면서 계절을 겪었다
때론 침묵도 위로가 될 수 있었다

유기순 지음

글머리

오랫동안 머물렀던 신도시에서 벗어나려니 두려움이 살짝 오긴 했지만 잘 건너왔다. 이곳 까치울 마을은 산과 들이 보이는 부천의 동쪽 끝에 있다. 오래전 떠나온 고향 마을이 연상되는 곳이다. 사람보다는 자연과 더 가깝게 지낼 수 있는 곳, 여기서는 바람과 하늘과 새들과 고양이를 사람보다 더 자주 만날 수 있다.

새로운 곳에서 새로운 시간을 맞으며 지내는 것은 설렘이며 기쁨이다. 이곳에서 나는 더 건강해졌고 밝아졌다. 고구마 농사를 지으시던 할머니에게도, 같이 운동하며 언니처럼 따라 주는 동생들도, 수고로움을 마다하지 않고 언제나 내 편이 되어 달려와 주는 친구에게도 마음속의 따뜻함이 전해진다. 보이지 않아도 마음으로 느껴지고, 마음에서 마음으로 전해질 수 있는 사랑이 있다.

코로나19의 시간을 건너는 지금 일어나는 모든 일들이 어쩌면 꿈인지도 모른다는 생각이 들기도 하지만 어느 것도 자연과 대적할 수 없이 공존하며 살아가야 한다는 사실, 모두의 관계 회복이 필요한 때이며, 새롭게 알게 된 것은 모두가 나와 함께 살아가고 있다는 사실이다. 지금 여기에서 햇살과 바람과 숲과 새들과 같이 지내며, 지금의 나의 생활과 기억을 종이 위에 옮겨 보고, 글을 다듬어 정돈해 보았다. 이 길 위에서 나를 찾아본다.

육아에 지친 엄마가, 직장 일에 지쳐 몸과 마음이 탈진한 직장맘들이, 삶이 힘들 때 누군가 공감하고 위로받고 싶은 것이 필요할 때 이 글을 읽었으면 좋겠다. 삶이 힘들고 지칠 때 어디론가 탈출하고 싶을 때 이 글을 권한다. 천천히 그러나 멈추지 말고 한 발 더 나아가는 우리가 되기 위해, 같이 공감하기 위해 글을 썼고 나도 그러했으므로 이 글을 권한다.

시간은 가지만 또 자꾸 내게 온다. 나는 다가온 이 자리 이 시간을 사랑하며 살아갈 것이다. 이 세상에서 가장 위대한 사람은 자신에게 맡겨진 삶을 가장 열심히 사는 사람이라는 누군가의 소리가 나지막이 들린다.

얼마 전까지도 펑펑 눈 내리는 아침을 맞았고 추위에 몸을 웅크렸는데, 봄 햇살이 살짝 엿보이고 바람이 조금 부드러워졌다. 몸과 마음이 봄이 오는 곳으로 이동하고 싶은 시간이다. 준비를 해야겠다.

2021년 2월
까치울 마을에서

목차

1장 눈이 내린다

눈이 내린다 10 / 겨울 그리고 봄 14 / 봄으로 걸어간다 18 / 화양연화 21 / 여인들의 행복 백화점 25 / 구름이 30 / 바나나 빛 행복 34 / 나는 휴게소가 좋다 37 / 노란 빛깔 42 / 동쪽으로 걷는다 46

2장 사이사이

새들의 시간 52 / 별이 빛나는 밤 56 / 초록 숲 61 / 바람이 온다 64 / 푸른 향기 67 / 사이사이 72 / 반짝이는 시간들 75 / 그리고 아무 말도 하지 않았다 79 / 헤세를 다시 만나다 83 / 나의 밤나무 87

3장 푸른 향기

그곳에 안개가 산다 92 / 가로수, 나의 가로수 95 / 과수원집 그녀 101 / 나의 아파트 105 / 이사를 앞두고 109 / 냉파 113 / 이별 그리고 116 / 텔레비전 119 / 길치 122 / 언어와 침묵 사이 125

4장 고요한 시간

고요한 시간 130 / 소탐대실 133 / 김지영 137 / 동물 없는 동물원 140 / 연결이 되지 않습니다 144 / 그만 헤어지자 148 / 아내가 있었으면 150 / 카페인, 잠 못 드는 밤 154 / 채식주의자 157 / 용기 있는 그녀들 161

5장 물구나무서기

감이 익어 가는 계절 166 / 모과 168 / 꿈 작업 171 / 클림트의 정원 174 / 동네 한 바퀴 177 / 햇살이 내린다 181 / 화엄사 홍매화 184 / 물구나무서기 187 / 산타가 산다 190 / 후 엠 아이 196

1장

눈이 내린다

눈이 내린다

고운 빛으로 활활 타던 가을도 지나가 버렸다. 어느새 12월, 침묵하는 계절이다. 창밖엔 차가운 바람이 불고 있다. 모두 다 내어 주고 제할 일 다 한 부모처럼 저 앞산은 앙상한 민머리가 보였다.

'카톡 카톡' 소리에 눈을 떴다. 커튼을 열어젖히니 눈이 펑펑 내리고 있다. 와! 하얗게 눈이 내리네. 창밖으로 보이는 산은 벌써 흰 눈으로 덮여 있다. 어쩐지 어제부터 하늘이 낮게 내려오더니 이렇게 많은 눈을 주려고 그랬나 보다. 단톡방이 분주하다.

'어머 첫눈이 와요.'
'우리 집 앞 풍경이에요.'
'와 멋지다.'
'이사 간 유 선생 집은 정말 멋지겠네요.'

창밖 풍경들을 눈에 담으려면 답장할 시간이 없다. 이쪽저쪽 창밖을 내다보고 여기저기 눈길을 준다. 한가한 아파트 놀이터에도 눈이 쌓이고 나무들은 남아 있는 붉은 열매와 어울려 하얗게 트리를 해 놓은 듯하다. 몇 사람은 조심조심 눈길을 걸어 정류장 쪽으로 걸어가고, 젊은 아빠는 아이와 눈사람을 만들고 있다.

 어린 시절에는 눈이 많이 내렸다. 한번 내렸다 하면 며칠씩 이어졌고, 그렇게 내린 눈은 내 허리까지도 쌓였다. 큰 마을에서 학교로 넘어가는 길은 옥돌고개라고 불렸다. 그 고갯마루에 우리 집이 있었다. 그래서 밤새 내린 눈이 마루까지 몰아쳐서 수북하게 쌓이곤 했다. 아버지는 언제 일어나셨는지 장작을 지펴 커다란 가마솥에 물을 끓이셨고, 그 덕에 온돌 아랫목은 절절 끓었다. 부지런한 아버지가 쓸어 놓으신 길을 밟고 대문을 나가면 눈이 부신 설국이 펼쳐져 있었다. 손이 시리고 발도 시렸지만, 그 차가움과 새로운 하얀 세상을 즐겼다.

 차가운 바람에도 해가 나오고, 학교가 끝나면 깨끗하게 마른 우리 집 마당에서 고무줄놀이, 사방치기, 구슬치기 등을 하면서 왁자지껄 늦게까지 동네 아이들과 놀았다. 나는 그 북적거림이 싫지 않았고 그렇게 지내는 것이 당연한 줄 알았다. 언젠가 한 친구를 만났을 때 그녀가 말했다. 그때 참 시끄러웠지? 우리 모두 너희 그 고갯마루 집 마당에서 해질 때까지 늘 놀았잖아.

 눈송이마다 소중한 기억들이 하나씩 실려서 온다. 선물을 내려 주는 듯하다. 나를 깨우던 아버지의 목소리, 친구들과 눈송이를 뭉치던 그 시절의 웃음소리, 눈길을 걸어 내 집 앞으로 걸어오던 소년을 기다리던 설렘, 두 손 호호 불며 마주 보던 따스한 눈동자들…….

눈이 하염없이 쏟아지고 있다. 커다란 눈송이는 나를 부르는 듯 창에 연신 부딪혔다. 이제 밖으로 나오라고, 고립된 이 도시는 나를 더욱 외롭게 할 뿐이라고, 노크를 하는 것 같다.

핸드폰을 들고 통화버튼을 누른다.

"우리 집에 놀러 와. 산이 보이는 집으로 이사했어. 거실에서 앞산이 보이고 식탁에선 뒷산이 보여. 눈 오는 날 풍경은 정말 멋져. 새로 산 인도산 식탁보가 멋지거든. 같이 차 마시고 놀자."

겨울 그리고 봄

1. 겨울

　힘들고 숨 막히는 시간이었다. 엄동설한 추위보다 무섭다는 중금속 섞인 미세먼지와 초미세먼지를 나타내는 수치를 보면서 실외 출입을 자제하고 긴 겨울을 보냈다.

　지독한 독감에 이어 전에 수술했던 곳에 이상이 생겨 수술했고(의사 선생님은 아무것도 아니라고 했지만), 잘 아물지 않고 염증이 생겨 또 수술을 했다. 어이없이 당하고 만 싸움 같았다. 지쳐 지내는 동안 직장에 근무하고 있을 친구들이 부러웠다. 텅 빈 아침, 동동거리며 출근하던 지난 시간들이 그리워지기도 했다. 뭐라도 하고 싶었지만 겁이 나서 손을 댈 수가 없었다. 붓은 들지도 못했다. 작은 손그림이라도 그려 볼까 하고 인터넷에서 드로잉북을 주문하고 색연필이랑 몇 가지 그림 도구를 사서 끄적거려 보았지만 그렇게 의욕이 나지도 않았다.

　아침이 되면 커튼을 열고 건너편 앞산을 보는 것이 일상의 시작이었다. 앞산과 뒷산의 나무들은 어느새 내 마음에 새로 생긴 친구였다. 오늘 날씨는 어떤지 해가 났는지 산의 빛깔은 어떤지 본다. 그러고 나서 부엌 식탁 쪽으로 난 베란다에서 가까이 보이는 뒷동산의 나무들을 살펴본다. 동산의 나무들은 겨우내 죽은 듯 검고, 칙칙하게 보였다. 나무 위의 새집들은 어떻게 되는 건지 그 속에 살던 새들이 정말 살아 있기나 한 걸까. 매운바람이 창가에 머물면 더 자주 창밖을 바라보게 되었다.

우리는 서로 바라보면서 겨울을 견뎠다. 때론 침묵도 위로가 될 수 있었다.

2. 그리고 봄

공기가 부드러워지자 창밖은 조금씩 변화가 생겼다. 생명력을 찾은 듯 나뭇가지 잎눈은 도톰해지고 새들은 짝을 지어 부지런히 날아다니고 있었다. 동산으로 난 둘레길을 강아지와 함께 산책하는 사람들도 눈에 띄었다. 어떤 날은 고양이가 햇살이 비치는 나무 뒤로 살짝 숨기도 하고 덤불 속으로 느긋하게 들어가는 것도 볼 수 있었다.

남쪽으로부터 꽃소식이 들려왔고 아파트 뜰에도 그윽한 매화 향기가 감돌기 시작했다. 주변을 둘러보니 하나둘 작은 꽃들도 피어나고 있었다. 동산에 올라갔더니 벌써 진달래가 여기저기 예쁘게 피어 있었다. 어릴 적 보았던 시골의 진달래꽃처럼 많이도 피어 있었다.

창밖의 부활을 보면서 기운이 났다. 나의 몸도 새순이 돋을 것만 같았다. 서서히 기지개를 켰다. 전화가 오고 카톡을 하고 분주히 움직여 본다. 그렇게 기다렸던 이 봄의 시간들을 놓치지 않으려고 부르고 가고 한다. 며칠 전에는 청라에 사는 정미 씨를 불렀다. 어제는 멀리 서울과 구리에서 초등학교 친구 둘이 왔다. 진달래가 천지인 원미산을 보더니 도시 가까운 곳에 이렇게 많은 진달래가 피어 있는 것은 처음 본다며 놀라워했다. 다음 주에는 강화의 친구네 전원주택에 가서 봄나물을 캐기로 했다. 그녀도 겨우내 비워 두었던 집이 궁금하다고 했다. 추웠던 것이 나만은 아니었나 보다.

봄이 한순간에 오지 않는다는 것을 알지만 긴 시간을 견디고 이렇게 찬란하고 아름답게 피어나는 대지의 생명들이 경이롭다. 어둡고 추웠던 시간들이 언제 있기라도 했었냐는 듯이 아름다운 봄이다.

내일부터 비바람이 태풍 수준으로 온다고 한다. 꽃잎이 화르르화르르 떨어질 것을 생각하니 아쉽다. 봄이 오자 바로 떠날 준비를 하다니⋯⋯ 그러나 나무들은 성숙해지고 잎을 틔우고 클 것이다. 비바람 맞으며 모진 시간에도 아랑곳하지 않고 강인하게 무성해질 것이다. 그렇게 시간이 흐르고 다시 필 봄까지 또 견딜 것을 안다.

나는 봄을 여러 번 맞이했고 겨울도 여러 번 맞이했다. 돌아오는 시간들 위에서 인생의 봄만을 맞이하게 될지도 장담하기 어렵다. 하지만 춥다고 덥다고 어렵다고 포기하지 않고 일어서는 나무들처럼, 피어나는 꽃처럼 또 열심히 살자고 자연에서 배운다.

봄으로 걸어간다

 화창한 날씨다. 시내를 걸어서 가기로 했다. 겨우내 움츠렸던 몸을 추스르고 요가와 필라테스를 하러 간다. 전에 요가학원에 다녔었기 때문에 따라 하기에는 무리가 없다. 여러 명이 모여 함께하니 좋고 젊은 친구들이 많아 활기차다.

 아파트를 나서니 바람은 부드럽고 매화 향기 그윽하다. 종합운동장역 쪽으로 원미산 진달래가 벌겋게 열꽃처럼 보인다. 분홍이 봄의 신호를 보내고 있다. 곳곳에 축제를 알리는 현수막도 걸려 있다. 길가의 개나리도 다음 주면 만개할 것 같다. 벚나무들도 눈이 도톰해졌고 빛깔이 나오기 시작한다. 진달래가 지기 전에 이 거리는 만개한 벚꽃을 맞이하고 함께 어우러져 꽃들의 천국이 되리라.

 어느새 나도 모르게 〈벚꽃 엔딩〉 노래를 흥얼거린다. 흩날리는 벚꽃잎과 분홍빛으로 물든 거리를 거니는 이들을 상상하니 올려다본 하늘도 어느새 핑크빛이 된다.

 춘의동 쪽으로 걷는다. 사거리엔 커다란 의자 조형물에 '춘의동 가구

거리'라고 쓰여 있다. 둘러보니 근처엔 이름 있는 가구부터 알려지지 않은 가구 이름까지 다양한 상점들이 즐비하다. 언제부터 이곳이 가구 거리로 변모했는지 모르겠다.

큰 의자 조형물 아래 작은 의자가 놓여 있다. 건널목에서 신호를 기다리며 잠시 쉬어 가라는 듯하다. 누군가를 기다리기라도 한 듯 대화라도 하고 가라는 듯 여러 개가 놓여 있다. 잠시 앉아 보니 차갑지 않다.

'의자 작가'로 유명한 지도교수 J의 '미니 의자' 작품이 생각났다. 비어 있는 의자를 통해서 존재에 대한 기억과 소중함, 만남과 이별, 꿈꾸는 희망의 메시지들을 전하고자 했다는 말이 가슴에 확 밀려왔다. 나도 비어 있는 미니 의자에 불과한가라는 생각을 하면서 빈 의자들끼리라도 모여 있고 싶다는 생각이 들었다.

오래전 이곳 춘의동 한 직장에서 나의 부천의 일들이 펼쳐졌다. 100여 명이 넘는 교직원과 몇천 명의 아이들이 있는 규모가 큰 학교에서 나는 새내기 교사였다. 이곳에서 푸른 꿈을 가진 비슷한 친구들을 만났고 교정을 뛰놀던 해맑은 미소를 지닌 아이들을 만났다. 같은 길을 가는 또래들이 있어 행복했고, 선물처럼 아이들이 와 주어서 또 행복했다. 모든 것의 봄이었던 시간들이다. 지금 어디선가 각자의 아름다운 별을 키우고 있을 어른이 된 아이들과 자신의 희망을 완성해 가고 있는 친구들, 생각해 보면 비어 있으나 비어 있지만은 않은 지난 이야기와 아직도 진행 중인 이야기가 있다.

좀 더 걸어 중동 신도시 쪽으로 향했다. 이곳도 전에는 논밭이었다. 차편이 좋지 않던 그때 집에서부터 봉고차를 타고 다녔다. 차를 전세 내어 직원들과 아침저녁 이곳을 지나쳐서 출퇴근을 했다. 그리고 푸른 풀 냄새 가득하던 이곳에 처음 신도시가 들어설 때 수십 대 일의 경쟁을 뚫고 당첨되어 주위의 부러움을 샀었는데…… 이젠 오래된 아파트 건물들이 되어 버렸다. 이곳 중앙공원을 끼고 40여 층 높이의 아파트가 한창 공사 중이다. 상전벽해같이 변했다.

아득한 꿈길 같은 거리를 봄빛 받으며 걷다 보니 어느새 봄 곁에 내가 다가와 있다. 먼 것 같은데 멀지 않은 길이다. 도착할 곳이 저기 보인다.

화양연화

비가 쏟아지는 장마에도 불구하고 세 자매는 폭우 속으로 떠났다. 여동생이 극구 자기가 운전하겠다고 고집해서 언니와 나는 그녀의 차에 동승했다. 지난번 시골 갈 때 너무 천천히 조심스레 운전한다며 다음엔 자기가 하겠다더니 씩씩하게 운전대를 잡았다.

시골 병원 입구에 자가용이 섰다. 희망에 부푼 듯한 환한 미소를 보내며 엄마가 우리를 보고 손을 흔들었고 막내 남동생의 부축을 받으며 차에서 내렸다. 고운 옷을 입고 밝게 웃으니 보기 좋다. 얼마 전 백화점에 가서 새로 사 보낸 옷이 몸에 딱 맞고 잘 어울린다.

요양원도 코로나 19로 면회가 금지되었지만, 병원 검진 받고 영양제 주사를 맞으러 나가는 외출은 허가되었다. 하지만 보호자와 마주할 시간은 제한되었으므로 반가워하는 엄마를 병실에 모셔다 두고 형제 넷이서 병원 벤치에 앉아 이런저런 이야기를 하며 기다렸다.

여동생이 초등학교 때 좋아했던 선생님 안부를 막내에게 물었다. 자신의 롤 모델이었으며 아직도 잊지 못한다고 했다. 그 선생님은 막내 남동생의 담임 선생님이기도 했다. 막내는 고향에서 교감으로 재직 중이다. 사랑으로 온 정성을 다해 가르쳐 주었던 선생님이었다며 얘기를 하는 그녀의 볼이 붉어지는 것을 느꼈다. 아직도 소녀 같은 내 여동생! 보고 싶은 선생님은 지금 어디 계신지 궁금해하는데 막내의 말로는 대전의 어느 학교 교장 선생님일 거라고 한다. 그분이 막 초임 발령을 받아 고향 시골 학교에서 근무하던 때 나는 교대 졸업반이었다.

"언니! 내 형부는 내 손으로 고르고 싶었어. 내가 그렇게 존경했던 선생님이 우리 형부였으면 얼마나 좋았겠어. 정말 훌륭한 분이었는데……."

"우리 집 마루에서 선생님하고 언니하고 차 마실 때 앞마당에서 모이 쪼던 수탉이 갑자기 앞으로 푸드덕거리며 날아와서 선생님에게 덤볐잖아. 그때 우리 모두 얼마나 민망해했고, 얼마나 웃었던지…… 기억나?"

"그랬었나? 그 닭은 그때 왜 그랬대!"

그때 그 풍경과 풍경 속 일이 떠올라 나도 잠시 가슴이 따뜻해졌다. 우리들은 서로를 보며 웃었다. 우리 가족들 웃음소리가, 반짝이던 청춘 시절의 이야기가, 우리의 젊은 지난날 기억들이 핑크빛 안개처럼 빗속에 퍼졌다. 우리 가족들이 모두 옹기종기 모여 웃고 떠들던 시절이 손에 잡힐 듯 다가왔다. 그 시절, 그때가 어쩌면 우리들의 가장 아름다웠던 시간이었을까?

　인생의 가장 아름다운 시절은 무한한 미완의 가능성을 가지고 있을 때라는 생각이 든다. 그것이 사랑이든 돈이든 명예든. 지나고 보니 아름다운 날들이었다. 꿈이 있어 빛나던 시절, 미완의 계절, 언제나 무엇이나 가능하게 했고 성공할 것 같았던 시절이었다. 돌아보니 무지개같이 아득하고도 그리운 시간들이다.

　지난해였던가! 짓궂은 언니가 엄마의 옛일을 자꾸 물었을 때 엄마는 가마 타고 시집올 때의 일을 아직도 생생하게 기억하고 있었다. 열여섯 나이에 족두리 쓰고 가마 타고 비탈길을 내려올 때 작은 족두리가 벗어질까 두 손으로 꼭 눌러썼다는 말을 하는 엄마의 목소리에 생기가 도는 듯 느껴졌다. 여전히 총기 있는 엄마! 엄마는 너무도 생생히 기억한다. 그리고 이런저런 얘기를 했다. 아버지는 참 선량한 분이고 마음씨가 넉넉했다는 게 귀결이었다. 엄마는 행복했구나! 어려운 시절 고생 속에서도 엄마는 아버지를 사랑했구나. 아버지한테 시집오던 그때가 엄마에게는 가장 아름다웠던 꽃다운 열여섯 시절이었구나. 아버지 만난 것이 참 좋았구나 하는 느낌이 들었다. 나는 그동안 능력 없는 아버지가 엄마를 힘들게 했다고 생각해 왔다.

　우리들의 사랑도 어떤 일들도 다 이루어져서 행복한 것은 아닌가 싶다. 누군가는 이루어지지 못한 첫사랑이 가장 아름답다고 한다. 이루어질 듯했던 사랑과 이루어졌을 것 같은 아쉬움을 상상하며 행복해할 수도 있을 것이다. 무한한 가능성이 있었고 어디서나 상상한 대로 이루어질 것 같으니까, 그래서 어떤 힘든 일들도 다 헤쳐 나갈 용기로 가득했으므로 젊은 날은 행복한 시절이었다. 그때그때마다 순간의 행복들이 숨어 있던 찬란하지만 불안했던 우리의 젊은 날, 시보다 더 찬란했던 그 시절. 가장 빛나던 미완의 청춘이 그립다.

  마음속에 화양연화를 품고 있는 동안은 내 몸의 피가 핑크빛일 거라고 생각하면서 아모르파티(Amor Fati!)! 자신의 운명을 사랑하라고 '아모르파티'를 외치며 최근에 다시 우리에게 돌아온 한 가수처럼 나의 '아모르파티'.

여인들의 행복 백화점

- 봄빛 유혹

오랜만에 백화점 매장을 둘러본다. 세 개의 층을 모두 차지하고 있는 여성 의류 매장엔 다양한 봄빛 의상들로 가득하고 생기가 돌고 있었다. 화사한 꽃무늬 블라우스와 원피스, 노란빛이 도는 엷은 갈색부터 연한 베이지색 니트 등등 매력적인 컬러를 듬뿍 담아 상큼한 봄 신상들이 가득했다. 봄은 이곳에 먼저 와 있었다.

언제였던가. 뾰족구두 신고 상큼한 정장을 차려입고 출근하던 시절, 아득하게 느껴진다. 가끔 출근하고 싶어질 때가 있다. 살랑살랑 새 옷으로 갈아입고 나가고 싶다. 그냥 지나칠 수 없는 색의 유혹에 발길 따라 가다 보니 어느 매장, 봄빛 물씬 하늘거리는 원피스와 라일락꽃 빛깔의 바바리를 입고 있는 마네킹 앞이다. 자극적이지 않은 은은한 빛깔, 색채와 질감이 마음에 든다. 명도 높은 눈부신 빛이 아닌 차분한 봄빛이다. 마네킹 여인은 이 멋진 옷을 입고 어디로 가려는 것일까.

안으로 들어섰다. 매장에는 여러 명의 고객이 있었다. 그들은 새로 들어온 신상들을 입어 보고 점원은 친절하게 손님의 입맛을 맞추고 있었다. 그리고 한쪽에는 티 테이블과 편한 의자가 마련되어 있었다.
"영국은 건물도 멋지고 사람들이 예의 바르고. 박물관은 또 어떻고……."
"난 우리나라가 제일 좋더라. 외국에 나가 봐야 말도 안 통하고 음식도 안 맞고……."
앉아 있는 두 여인은 자기 집 거실인 양 주위를 신경 쓰지 않고 말을 주고받고 있었다.

나는 마네킹 여인의 옷을 입고 피팅룸에서 나와 전신 거울에 비춰 보았다. 앞모습과 뒷모습을 번갈아 비춰 보고 있으려니까 차를 마시며 수다를 이어 가고 있던 두 여인이 추켜세웠다.
"뒤에서 누가 쫓아올 것 같은데요."
"너무 잘 어울려요."
과한 칭찬인 것을 알지만 나쁘지 않다. 그녀들의 봄날엔 아마도 그랬을 것이라고 생각을 했다.
"그래요?"
얼떨결에 빙그레 웃으며 응답하듯 한 바퀴 빙 돌아 포즈를 취했다. 울렁이는 기분 탓인지 아니면 백화점의 유혹에 빠진 건지 알 수 없었지만 결국 나는 바바리와 원피스를 모두 집어 들었다. 추운 계절을 견디고 봄을 맞이한 나 자신을 위해 이 정도는 과한 것이 아니라고 마음속으로 생각하면서 계산대로 갔다.

《여인들의 행복 백화점》이라는 소설이 있다. 에밀 졸라는 《여인들의 행복 백화점》의 실제 모델 봉 마르셰 백화점에 문턱이 닳도록 드나들며 엄청난 정보를 끌어모아 소설을 썼다고 한다. 백화점이 어떻게 여인들의 마음을 들끓게 하여 미친 듯이 매출을 올리며 성장해 갔는지 눈에 보이듯 생생하게 그리고 있다.

백화점은 정말 유혹 덩어리다. 우리들의 인내를 끊임없이 시험하고 우리는 끊임없이 유혹당하고 있다. 백화점이 탄생한 순간 여인들의 욕망도 탄생했다는데 나도 오늘 잠시 그 욕망에 빠지지 않았나 생각했다. 아마 몇 달은 허리띠를 조여야 할 것 같다. 그러나 가끔은 무모하게 또는 무계획이 계획이 될 때도 있어야 할 것 같은 생각이 들 때가 있다. 바로 오늘 같은 날이다.

봄이다. 너무 깊은 유혹에 빠지지 않기를…….

구름이

친구가 강아지를 데리고 자기 집에 오라고 한다. 망설임 없이 구름이를 데리고 놀러 갔다. 널찍하고 좋은 전원주택이라서 데려온 애견들이 뛰어놀며 좋아한다. 한참을 수다 떨고 놀다가 집에 돌아가려고 구름이를 불렀다. 다른 강아지들은 주인을 찾아 나오는데 구름이는 나오지 않았다.

"구름아!"

"구름아아!"

어디에 있는지 아무리 불러도 나오지 않는다. 그때 누군가가 나를 흔들어 깨웠다.

"괜찮아?"

"악몽 꾼 거야?"

다행이다. 꿈이었네.

아마도 구름이의 수술을 앞두고 걱정한 것이 꿈에 나타났나 보다.

만 11살이 되어 가는 구름이는 사람들 나이로 생각하면 노령견이다. 얼마 전부터 숨소리가 예전 같지 않고 거친 듯해서 동물 병원에 갔다. 기관지는 크게 이상이 없는데 가슴에서 생각지도 못한 멍울을 발견했다. 섬유선종이라 했다. 유두에 생기는 병이다. 몇 년 전에도 제거한 적이 있는데 이번에는 다른 쪽 유두에 생긴 것이다.

우리 집에 호모사피엔스 말고 다른 동물과 동거를 시작하게 된 것은 10여 년 전부터이다. 딸을 위해 귀여운 몰티즈 한 마리를 데려왔다. 친구가 되면 좋을 것 같았기 때문이다. 소심한 성격의 작은딸을 위한 결정이었다. 애견 숍에 들어섰을 때 철창에 갇혀서 나를 바라보며 간절히 눈을 맞추던 녀석, 눈이 너무 깊고 투명해서 슬퍼 보였던 녀석, 나는 그날 이 녀석을 꼭 안고 집으로 왔다.

처음 본 녀석은 신비함 그 자체였다. 생명 하나하나의 세계는 얼마나 넓고 오묘한지 구름이가 오면서 갖게 된 생각이었다. 가까이서 키우며 보니 녀석의 지능은 너무 낮지도 않았다. 인간의 언어를 가지진 못했으나 감정이 없다거나 사고를 하지 않는다는 것도 사실이 아니라는 것을 알게 되었다.

차가 주차장에 도착하면 어떻게 알았는지 미리 현관으로 달려가 기다리고 있다. 가족의 퇴근 시간이 늦으면 꼼짝 않고 앉아 현관을 바라보며 기다리는 것을 보면 안쓰럽기까지 하다. 내가 아플 적에 늘 곁에 있었던 구름이, 소파에 앉아 있으면 살그머니 곁에 와 살짝 기대어 따스한 온기를 전해 주는 녀석, 나는 구름이의 따스한 위로를 평생 잊지 못할 것 같다.

'말 한마디 통하지 않는 상대와 지내면서 교감하고 서로를 믿는다는 것이 인생에 다시 없을 축복'이라고 말하는 작가 이원영의 말에 전적으로 공감한다.

수술이 끝난 구름이는 내가 온 기척을 느끼는지 끙끙거린다. 붕대로 가슴을 칭칭 감고 의사 선생님 팔에 안겨 나오면서도 꼬리를 흔든다.
"구름이가 너무 순해요. 마취도 일찍 깨었어요. 수술은 잘 되었고 피검사 결과 특별히 이상이 있는 곳은 없네요. 다음 주 상처 잘 아무는지 보러오세요."

"우리 구름이 아픈 것도 잘 참았네. 맛있는 간식 사 가지고 얼른 집에 가자."

바나나 빛 행복

작은딸이 내 배 속에서 생명을 틔울 때, 그리고 고물거리는 아기였을 때, 나는 바나나를 엄청나게 많이 먹었다. 밥맛이 없으면 쪼르르 집 앞 슈퍼에 나가서 바나나를 사 왔다. 먹기도 편하고 달콤하고 부드러운 것이 몸속으로 들어가서도 속을 편안하게 해 주었다.

요즘도 속이 안 좋을 때, 뭔가 먹고 싶을 때 바나나를 먹는다. 마트에 가면 우선 바나나 한 송이를 장바구니에 넣는다. 그냥도 먹지만 요구르트에 견과류를 넣고 바나나를 잘라서 넣어 먹는다. 아니면 바나나와 우유를 갈아서 바나나 우유를 만들어 먹는다. 부드럽고 달콤한 바나나를 언제까지 먹을 수 있을지는 모르겠다. 지구상에서 없어질지도 모르는 과일 중 하나라고 하니까 말이다.

남쪽엔 매화가 피기 시작하고 작은 잎들은 봄을 틔우는데 나라 안과 밖은 평온하지 못하다. 지난겨울 중국으로부터 전파되어 들어온 '코로나19' 때문이다. 정부에서는 급속히 전파되는 것을 막기 위해 국민들에게 사회적 거리두기를 해 달라고 호소하고 있다. 긴밀한 접촉이 확산의 도화선이 될 수 있기 때문이다.

단톡방에서 친구들이 서로의 안부를 묻고 걱정한다. "자발적 자가 격리를 하면서 작은 보탬이라도 되려 해" 하고 말했더니 웃는다. 극히 소극적인 일이긴 하겠지만 이 기회에 나는 내가 할 일들을 집 안에서 찾고 있다. 그동안 못 한 일들을 하면서 오히려 나 자신이 충만해지는 느낌이다. 집 안에서 혼자 할 수 있는 일들이 생각 외로 많다.

어려운 시기에 스스로 격리되어 소소한 행복에 젖어 보는 거다. 밖에 다니지 못하는 시간을 나는 냉장고에 그동안 넣어져 있던 음식을 찾아서 꺼내어 먹으며(냉파) 이 어려운 시간들이 지나가기를 기다린다. 그러다가 답답하면 마스크를 쓰고 인적이 많지 않은 길을 걷기도 한다. 좋아하는 음식을 먹으며, 책을 보면서 집콕하는 재미가 쏠쏠하다.

오가와 이토가 쓴 《바나나 빛 행복》이라는 책을 보다가 우연히 나의 이 작은 일상이 바로 '바나나 빛 행복'이라는 생각이 들었다. 저자가 어릴 적 할머니와 함께 새를 키웠던 추억을 바탕으로 쓴 글인데 읽는 이에게 용기를 줄 수 있는 글을 쓰자고 결심하며 써 내려간 소설이라고 한다. 사람을 위로하고 희망을 줄 수 있는 이야기를 쓰기 위해 10년에 걸쳐 구상한 내용을 심혈을 기울인 끝에 완성되었다고 한다.

삶에 희망과 위안을 주는 무언가가 있다는 건 정말 행복한 것 같다. 아름답게 피는 화초를 보며 위로를 받기도 하고, 좋아하는 책 한 권 읽으며 또는 귀여운 강아지와 행복한 일상을 보내거나 아기의 재롱을 보며 그 안에서 우리는 또 누군가에게 달콤한 위로를 받을 수도 있고 가족의 따스함을 느끼거나 가벼운 행복을 맛볼 수도 있지 않을까. 나는 이 작은 일상의 행복들을 '바나나 빛 행복'이라 말하고 싶다. 오늘은 또 어떤 바나나 빛 행복을 맛볼지 기대가 된다.

나는 휴게소가 좋다

햇살이 눈부신 아침이다. 바람이 불어와 꽃향기가 집 안으로 들어온다. 조용히 작업하기 좋은 날씨다. 캔버스에 조그마한 작품을 새로 시작했는데 느낌이 좋다. 기분 좋게 시작하려는데 따르릉, 전화가 왔다.
"뭐 해? 날씨 너무 좋아서 집에 있을 수 있겠어?"
"그렇긴 하지?"

남편은 나와는 정반대의 성향을 가졌다. 나는 고요하고 정적인 것을 좋아하지만 남편은 활동적인 것을 좋아한다. 나는 무엇이든 계획을 세우고 규칙적인 생활을 하는 편인데 남편은 즉흥적인 것을 좋아하고 무계획이 계획이다. 또 나는 담백하고 따뜻한 음식을 좋아하는데 남편은 맵고 짜고 찬 것을 좋아한다. 결혼 전 일 년이나 시간이 있었는데 그런 성향들을 나는 전혀 눈치채지 못했다. 아마도 그녀는 그때 자기가 보고 싶은 것만 봤는지도 모른다. 서로 보완하니까 맞지 않는 것도 참 좋다는 남편, 어쨌거나 남편과 내가 유일하게 맞는 것이 있다면 밖으로 나가는 일이다.

일단 밖으로 나갔다. 그가 어디로 갈지 물었을 때 나는 가는 길에 멋진 휴게소가 있는 동해안으로 가자고 했다. 바닷바람도 쐬고 저녁 먹고 들어오면 좋을 것 같았다. 단둘이 가다 보면 두런두런 얘기도 하게 되고, 길을 가다가 맛있는 걸 사 먹을 수도 있다. 돈도 다 자기가 낸다. 운전을 싫어하는 내가 운전하지 않아서 좋다. 늦게 집에 도착해도 된다. 같이 움직이니 여러모로 편한 점이 많다.

집을 나온 지 얼마 지나지 않아 첫 번째 휴게소가 나왔다. 집을 떠나 제일 먼저 만나는 이 휴게소는 생긴 지 오래되지 않았다. 고속도로 위에 지어서 붙인 이름인 것 같은데 이름이 예쁘다. 'ㅇㅇ 하늘 휴게소'다. 처음 보았을 때에는 도로 위에 얹혀 있는 듯하고 시끄러울 것 같고 뭔가 어색한 느낌이었다. 그러다가 어느 날 들어가 보니 밖에서 보는 것하고는 달랐다. 조용하고 바깥 풍경이 훤히 잘 보인다. 차들이 떠나는 것도 돌아오는 것도 다 보인다. 깨끗하다. 쇼핑할 곳이 많다. 분식집도 있고 선물 파는 곳도 있고 약국도 있다. 마트도 있고 찻집도 몇 곳이나 있다.
 앞장서서 들어간 휴게소에서 좋아하는 바나나하고 커피랑 빵이랑 햄버거를 샀다. 나오면서 입구에서 파는 군밤도 한 봉지 샀다. 먹을 것을 한 아름 챙기니 힘이 생긴다. 기분이 들뜬다. 본격적인 여행길이 시작되었다.

몇 년 전 남편이 강원도 쪽에서 근무할 때였다. 새로 생긴 고속도로를 달리다가 잠깐 들렀던 곳인데 참 마음에 들었던 휴게소가 있다. 추운 겨울이었는데 밖엔 자작나무가 보이고 숲으로 둘러싸여 있었다. 이층에 올라갔더니 예쁜 카페에서 차를 팔고 있었다. 은은한 커피 향이 휴게소 전체에 퍼지고 있었다. 느긋하게 쉬어 가고 싶은 아담하고 쾌적한 곳이었다. 전부터 나는 이 휴게소를 다시 가 보고 싶다는 생각이 들었다. 강원도 인제군에 있는 이 멋진 휴게소를 바다를 보고 오는 길에 들러서 올 것이다. 목적지가 있더라도 가는 길에 좋은 휴게소가 있다면 나는 그곳이 목적지가 될 수 있다는 생각도 해 본다.

외국인들이 한국에 와서 놀라는 것 중의 하나가 바로 고속도로 휴게소라고 한다. 여행을 다니다 보면 잘사는 서양의 나라들도 주유소와 작은 마트 정도의 허름한 휴게소가 대부분이었다. 화장실을 이용하려면 물건을 사든지 1달러쯤 내고 들어가야 한다. 중국의 화장실은 들어가기 힘들 정도인 곳도 많았다. 그런데 우리나라는 청결한 화장실을 무료로 사용한다. 약국도 있고 커피숍도 있다. 게다가 맛있는 것은 또 얼마나 많은지…… 없는 게 없을 정도로 다양하게 갖춰 놓고 경치까지 빼어난 곳도 많다.

나는 인생의 어디쯤을 달리고 있을까? 고속도로일까? 국도일까? 먼 길 가는 우리들의 인생길에도 휴게소는 필수라고 생각한다. 힘들고 지칠 때 휴식이 필요한 곳, 더 나아가기 위해 잠시 숨을 고르는 곳, 언제라도 넉넉히 품어 주는 곳, 나의 마음속에 자리 잡은 '내 인생의 휴게소'는 어디일까 생각해 본다. 살아가면서 쉬어야 할 곳과 쉬어야 할 때를 알고 잘 쉬면서 안전하게 가야 할 텐데…….

얼마 달리지 않은 것 같은데 벌써 많이 달렸나 보다. 자동차 계기판에 따뜻한 김이 나는 커피잔이 나타났다. 그리고 똑똑한 자동차가 쉬어 가라고 알려 준다.

'당신은 휴식이 필요합니다. 잠시 쉬었다 가시길 권유합니다.'

노란 빛깔

무채색에 가깝던 겨울이 지나고 어느새 원색을 뽐내는 봄날이 되었다. 봄은 어디로든 떠나게 만드는 설렘을 선물한다. 고운 봄이, 어린 봄빛들이 곳곳에서 나를 기다리고 있을 것만 같은 환한 날이다.

봄은 노랑과 잘 어울리는 계절이다. 봄에 노랑만큼 잘 어울리는 색깔이 있을까? 봄을 상징하는 컬러로 노랑만큼 강렬한 것이 있을까? 봄은 노랑에서 시작한다. 작은 어린잎도 처음엔 노란빛에서 시작하여 각자의 색을 찾아간다.

지리산 자락에 자리 잡은 아담한 산수유마을은 여기저기 돌담이 많고 산과 마을이 다랭이논과 잘 어우러져 그림처럼 아름다웠다. 구례산 자락과 마을 곳곳에는 샛노란 기운을 품은 산수유꽃이 지천이었다. 산수유 축제가 끝나 갈 무렵이어서 즐길 행사는 보지 못했지만 나름 축제를 가장 잘 즐기는 또 하나의 방법은 산수유꽃이 곱게 피어난 마을을 걸어 보는 것이었다. 우아하게 핀 산수유가 산이며 길이며 마을 전체를 노랗게 채우고 있었다.

마을을 약간 벗어나 큰 도로로 나오자 산수유의 은은한 우아함 대신 더 화사한 명도로 다가오는 녀석을 만났다. 축제의 초대를 받지 못한 개나리였다. 봄을 생각하면 진달래꽃이나 벚꽃보다 나는 노란 민들레, 노란 개나리가 먼저 떠오른다. 발랄한 노란색, 유독 원색이다. 튕겨 오른다. 샛노란 빛깔의 생명력이 반짝반짝 눈이 부실 지경인 노란 개나리를 보며 원색을 자연만큼 잘 쓰는 존재가 또 있을까 생각한다.

  노랑을 잘 이용한 화가 고흐는 태양을 받아 황금색으로 이글이글 타오르는 듯한 해바라기와 밤하늘에 빛나는 별, 밤 골목을 환하게 비추는 테라스도 모두 선명한 노란색으로 표현하고 있다. 얼마 전 〈별이 빛나는 밤〉 그림을 실사한 요가 타월을 샀다. 고흐의 그림을 좋아해서 그걸 깔고 요가를 하면 마치 별빛 속으로 빨려들 듯한 느낌이 든다. 한국의 젊은 여성들이 가장 좋아한다는 구스타프 클림트의 그림에도 노란색이 많이 쓰였고, 그 밖에도 여러 화가가 빛나는 노란색을 많이 썼지만 나는 몬드리안의 작품에 보이는 밝은 노랑이 가장 마음에 든다. 검은색 수직선과 수평선으로 구획을 나눈 단순한 구성에, 빨강, 노랑, 파랑 등 삼원색만을 사용한 점이 좋다. 내가 몬드리안의 작품을 좋아하는 이유는 단순하고 이물질이 섞이지 않은 듯한 명랑한 노랑이 좋기 때문이다.

  환한 봄빛 속에서 노란색을 만나니 마음이 밝아진다. 무엇이든 잘 풀릴 것 같은 밝은 날이다. 실제로 노랑은 햇볕처럼 따뜻하고 쾌활한 분위기를 조성할 때 사용한다고 한다. 밝고 빛나는 색으로 새로움과 즐거움과 환희 등을 표현하고 싶을 때 노란색을 사용하며 태양의 색이자 부의

상징이기도 한 노랑은 밝은 미래와 희망을 암시한다니 노랑은 봄이고 젊음이다.

　노란 원피스가 잘 어울리던 시절이 있었다. 어린 소녀였을 적 나에게 아끼던 노란 원피스가 있었다. 은은한 노란빛의 원피스였는데 만지면 부드러운 촉감이 좋았고 그것을 입으면 마치 나비처럼 날 수 있을 것 같은 생각이 들던 내겐 한 벌뿐인 원피스였다. 개학 전날 다리미로 잘 다려서 방학 과제물과 함께 소중하게 챙겨 놓았다. 어둑해져 가는 저녁, 그 노란 옷을 입고 읍내 시장에 간 엄마를 마중 나갔다가 지나가는 버스에 흙탕물 튀어서 개학 첫날의 기분을 망쳤던 아쉬운 기억 하나가 있다. 그리고 초임 교사였을 때 쇼윈도에 걸린 예쁜 노랑 원피스를 첫 월급 타서 거금을 주고 맞추었던 기억이 있다. 사각거리며 나비 날개처럼 고운 빛이 나던 상큼한 노란빛의 우아한 원피스, 잘록한 허리에 벨트를 하면 선이 아름답던 그 원피스, 선생님 옷이 예쁘다며 만져 보던 아이들과 노랑 원피스 모두 다 어디로 갔을까?

　남쪽의 봄은 한창이지만 이곳 부천은 연일 미세먼지로 가득하다. 하지만 곧 이 도시에도 강한 명도로 다가오는 노랑으로 물든 거리가 될 것이다. 나도 오늘은 노랑이고 싶다는 생각이 들었다. 개나리 같은 샛노랑은 아닐지라도 나 자신만의 독특한 색깔로 존재 가치를 드러내고 싶다. 그리고 누군가에게 힘이 되는 노란 비타민 같은 사람이었으면 좋겠다. 이 봄, 나의 마음에도 밝은 봄빛으로 채우고 어딘가 남아 있을 내 빛깔의 노랑을 찾아봐야겠다.

1장 눈이 내린다 45

동쪽으로 걷는다

날씨가 점점 더워지고 있다. 칠월도 끝자락이다. 저녁을 먹고 걷는다. 어둑해지는 시간에는 숲속을 걷기보다는 대로가 좋다. 차들이 많이 다니지 않는 한가하고 주변이 산으로 둘러싸인 동쪽으로 난 큰길로 걷는다.

집 밖을 나서자 서늘한 바람이 불어온다. 오정들에서 불어오는 바람이 이곳까지 도착한 게 맞을 거라고 추측을 한다. 지인의 얘기로는 그곳은 철새들이 지나가는 통로이며 바람길이라고 한다. 그 들판도 얼마 가지 않으면 3기 신도시로 바뀐다고 한다. 개발의 바람에 바람길도 막히면 어디로 가야 하나.

3단지 건널목 앞에서 주말마다 작은 차에다 양말을 놓고 판매하는 아저씨를 만났다. 평일인 오늘은 근처를 지나가고 있었다. 나는 발을 살짝 들어 신고 있는 양말을 가리켰다. 지난주에 그분한테 양말을 샀으므로 신고 왔다는 인사였다. "근처에 사시나 봐요."라고 했더니 그렇다고 했다. 조금 지나 음식점들이 보인다. 피자 주는 냉면집 주차장에 오늘은 차가 많이 주차되어 있다. 전에 엄마가 근처 요양병원에 계실 때 이 집에서 쇠고기 샤브샤브를 먹었는데 맛이 괜찮았다. 엄마도 좋아하셨는데 왜 평소에 사람들이 별로 없는지 모르겠다. 오늘은 손님들이 많아서 다행이다. 옆집 장어집은 늘 주차가 많이 되어 있다. 자동차가 많이 주차된 음식점은 아마도 장사가 잘되는 집이겠지.

다시 걷는다. 길가엔 해바라기들이 피기 시작했다. 밭에는 여러 가지 곡식들이 한창이다. 고추도, 옥수수도 익어 간다. 고구마 잎들은 지면을 꽉 채우면서 땅 위를 덮고 있다. 아마 땅속에서도 고구마들이 도란도란 자리 잡고 잘 크고 있을 것 같다. 호박잎도 무성하게 자라고 넝쿨이 주변으로 영역을 넓히고 있다. 자세히 살펴보니 매끈한 호박이 넝쿨 속에서 몇 덩이나 보인다. 옥수수도 몸이 많이 통통해졌다. 붉은색의 수염이 예쁘다. 곧 수확할 때가 온 것 같다. 포도밭엔 하얀 봉투가 잎사귀 아래로 빼곡하다. 가려진 봉투 안에는 포도가 알을 키워 가고 있을 것이다. 마치 고향 시골집 가는 풍경을 보는 듯하다. 기억을 걷는다.

집에서부터 맨 처음 만나는 원두막에서 아줌마가 "안녕하세요."라고 인사를 건넨다. 나도 인사를 하면서 살짝 들여다보니 오늘은 오이도 있고 호박도 많이 있다. 지난번 위쪽 원두막에서 토마토를 산 것이 조금 남았으므로 돌아오다가 오늘은 이 집에서 호박하고 오이를 사야겠다. 위쪽 원두막은 조금 더 규모가 크다. 지난주에 이 집에서 토마토를 샀다. 아저씨에게 말을 걸어 봤더니 아래쪽 교회 앞에도 농장이 하나 더 있다고 했다. 그래서인가 인심 좋게 상추를 덤으로 많이 주셨다. 이 농장 위쪽으로도 비닐하우스가 몇 동 더 있는데 토마토 이외에 오이, 고

추, 참깨와 들깨 등등 여러 가지 곡식들을 심었다. 모두 잘 자라고 있다. 그런데 주인은 누구일까 보이지 않는다. 아침 일찍 나왔다가 일찍 들어가시는지 한 번도 본 적이 없다. 부지런하고 잠이 없으신 분인가 생각해 본다.

  이웃들에게 말을 걸어 보고 길가의 나무와 꽃들에게도 눈길을 주며 걷다 보니 목표지점 끝에 음식점이 보인다. 지난번에 저 음식점에서 밥을 먹었고, 그 위층 찻집에서 친구들과 커피를 마셨다. 커피를 내려 주던 젊은 청년은 나를 보고 낯이 익다고 했다. 내 얼굴이 평범한가 아님 표준 얼굴인가. 어디서 본 것 같다거나 낯이 익다는 이야기를 많이 듣는다. 음식점 바로 위쪽엔 낮은 산이 있고 그 아래 터널로 차들이 지나가고 있다. 터널을 중심으로 내가 사는 쪽이 부천이고 반대쪽은 서울이다. 그리고 터널 넘어 서울 쪽으로는 대학 때 같은 반에서 공부했던 친구 영미가 사는 아파트가 나온다. 퇴근해서 영미도 저녁을 먹겠네. 아니면 피곤해서 벌써 쉬고 있으려나. 길가 의자에 잠시 앉아서 쉬노라니 꽃향기 머금은 향긋한 초록 바람이 영미네 집 쪽으로부터 불어온다.

  동네를 걸으며 사람을 알아가고, 자연을 알아가고, 나를 알아간다. 길을 걸으며 생각을 한다. 나는 어떤 길을 걸어야 할지 생각해 본다. 길을 걸으면 생각이 난다. 나의 지나온 길이 생각나고, 잊었던 일들이 생각나고, 해야 할 일들이 생각난다. 길을 걸으며 나를 찾는다.

앞으로도 나는 계속 걸어 나가는 사람이기를, 어떤 상황에서도 포기하지 않고 앞으로 나아가는 사람이기를 소망한다.

2장
사이사이

새들의 시간

'짹짹~', '삐 욱~ 삣삣', '삐삐 삐삐삐' …… 이른 아침부터 숲이 깨어 있다. 새들 소리로 가득하다. '깍깍 깍깍', '깍깍깍 깍깍깍깍' 몸집이 큰 까치들이 깍깍거리며 서로를 부른다. '삐리삐리 삐쫑…… 삐쫑' 가까이서 멀리서 작은 새들이 서로 화답한다. 멋진 고운 소리…… 굵은 바리톤과 높은 하이톤, 다양한 박자와 풍부한 화음으로 새들의 노랫소리가 더없이 풍요롭고 깊어지는 숲이다.

숲으로 난 길을 따라 산책 나온 이웃들과 또 주인과 같이 나온 강아지들을 만난다. 건너편 길의 고양이도 만난다. 까치가 낮게 날고 산비둘기가 주위를 지나간다. 이름이 생각날 듯 말 듯 한 작은 새와 전에는 알았을 것 같은 조금은 낯이 익은 새들도 보인다. 부지런한 생명들이 이 숲에 산다. 사람보다 새들을 더 많이 볼 수 있는 곳, 까치울 마을이다.

까치가 이 동네에 가장 많기는 하지만 숲이든 길가든 다른 새들도 많이 보인다. 어느 새들은 가까이 가도 좀처럼 빨리 움직이지 않는다. 몇 마리는 짝을 지어 숲속을 가로질러 날아다닌다. 아마도 헤치지 않는다는 걸 알아 버렸는지 모른다. 가까운 이 숲에 그렇게 많은 새들이 있다는 게 놀랍다. 마치 유영하는 물속의 고기들 같다. 투망을 바다에 던지

듯 그물을 던지면 새들이 한 그물 가득 잡힐 것 같다.

가끔은 뻐꾹새의 울음소리도 듣는다. 며칠 전에 아파트 후문을 나서는데 뻐꾸기 울음소리가 아주 가까이서 들렸다. 요즘 이 숲뿐 아니라 걷고 있는 양천 둘레길 지양산에서도 뻐꾸기 소리를 자주 듣게 된다. '뻐꾹 뻐뻐꾹' …… 하긴 딱따구리도 바로 눈앞에서 봤는데 뻐꾸기가 대수인가 하면서 고개를 젖히고 둘러보았다. 숲이 아니었다. 4동 맨 꼭대기 14층 옥상 난간에 새 한 마리가 있었는데 거기서 소리가 났다. 얘는 그곳이 어떤 곳인지 알고 우는 걸까. 스스로 둥지를 틀지 않고 다른 새의 둥지에 알을 낳고 부화한 다음에는 둥지 주인의 새끼들을 밖으로 밀어 버린다는 사실을 알고 충격을 받았던 바로 그 새. 미워할 수 없는 아름다운 소리를 가진 새. 뻐꾹뻐꾹 우는 소리는 수컷이라는데 아마도 요즘 요 녀석은 제 시간을 맞았나 보다.

숲에는 새들만 사는 건 아니다. 지난해에는 이 숲에서 귀엽고 몸집이 작은 다람쥐를 보았다. 무슨 일인지 요즘은 볼 수가 없다. 청설모는 자주 만난다. 나무 위가 소란해지며 도토리들이 여물지도 않았는데 잎과 함께 후드득 떨어지면 위를 올려다본다. 틀림없이 청설모가 마구 휘젓고 다니는 게 보인다. 이 녀석 때문에 다람쥐가 안 보이나 의심이 간다. 한때 청설모가 다람쥐를 잡아먹어서 산에 다람쥐 개체 수가 줄어든다는 말이 있었는데 사실이 아니라고 한다. 하지만 청설모 때문에 작고 귀여운 다람쥐를 볼 수 없는 것 같아 왠지 정이 덜 간다. 어쨌든 사람들이 이렇게 많이 다니는 아주 가까이서 딱따구리, 뻐꾸기, 다람쥐, 청설모를 본다는 것이 놀랍고 반갑고 안타깝고…… 여러 가지 생각이 든다.

얼마 전에는 산길에서 딱따구리를 보았다. 나무 뒤쪽에서 나무를 쪼고 있었다. 바로 몇 미터 앞에서 직접 볼 수 있었는데 생각보다 딱따구리는 몸집이 작았다. 딱따구리가 나무를 쪼는 모습은 책이나 TV에서나 보았는데 그 새를 눈앞에서 보다니. 곧바로 핸드폰을 꺼내어 동영상으로 찍어 영국에 사는 딸에게 보냈다. 실제로 같이 보았다면 더 좋았을 텐데 살짝 아쉬운 마음이 들었다.

조금 더 걸어 올라가니 나무 수풀 우거진 곳에서 우르르 새들이 몰려나온다. 앙증맞은 새들, 작은 새들인데 아마 참새일 것이다. 여고 졸업 후 줄곧 도시에서 생활했기 때문에 이제는 어릴 적 보았던 새들의 이름도 모습도 가물가물하다.

숲길 한쪽에 생생한 새의 검은 깃털 하나가 떨어져 있다. 지난밤 이 숲에서 생명체들이 살아가기 위해 벌어졌던 일들을 상상해 본다. 새에게도 삶은 그렇게 호락호락하지만은 않을 것이라고 짐작되지만 오늘도 그리고 내일도 이곳 까치울에서는 새들이 아름다운 소리로 오래오래 행복을 노래하는 고운 날들이 이어지기를 소망한다. 이 까치울에서 새들의 시간이 오래도록 지속되기를 바라면서 또 그들의 자리 그들의 시간이 모두 함께 행복했으면 하고 기도하면서 다시 길을 걷는다. 지금은 사랑하고 살고 지저귀고 속삭일 시간, 바로 새들의 시간이다.

부터도 한참이나 들어가는 곳이었다. 사방이 산으로 둘러싸여 있고 몇 채의 집들이 보였다. 마치 옛날에 대감마님 댁 같은 멋진 집 한 채와 건너편에 옹기종기 작은 집들이 보이는 그런 풍경이었다. 이곳에서 아들딸들을 서울의 일류대로 보내고 사회에서 성공해서 잘 살도록 자녀를 키운 그녀의 부모님은 참 대단한 분이라고 생각했다.

"별들 좀 봐. 너무 많다."

고개를 젖히고 눈을 들어 하늘을 보았다. 그러고는 둘러보면서 제자리에서 한 바퀴 돌았다. 반짝이는 별들이 무수히 빛나고 있었다. 달을 보러 나왔는데 별들이 눈에 더 들어온다. 검은 산도 존재감을 나타내며 우주의 운행에 자막처럼 드리워져 있었다. 존재했으나 존재감을 드러내지 않았던 것들이 자신을 조용히 그리고 강렬하게 드러내고 있었다.

보이는 저 별들은 수백만 년, 아니 수십억 년 전에 출발한 별빛의 모습이 나의 시야에 들어온 것들이라니 아주 먼 시간과 내가 만나는 순간이다. 먼 곳의 은하 속 별빛과 내가 만나는 시간차는 얼마나 큰 것인지…… 저 우주에서 지금 일어나는 일들도 나는 알지 못한다. 내 먼 미래의 후손들에게나 도착할 수 있을는지. 까만 밤하늘에 떠 있는 수많은 별, 우리가 이곳에서 경험하는 시간과 우주의 시간은 다른 것일까? 시간이 흐른다는 것은 실제로 어떤 의미일까?

친구들은 감탄사를 연발하면서 모두 고개를 젖히고 하늘을 올려다본다. 서로들 각자가 찾은 별자리 이름을 대고 있었다. 나는 어릴 적 시골 마당에서 여름에 찾아보았던 별자리들을 기억해 내고 가장 찾기 쉬운 북두칠성을 맨 먼저 찾았다. 그다음에는 기억나는 다른 별자리들을 찾느라 맴을 돌면서 다시 하늘을 넓게 둘러보았다. 그리고 남쪽 하늘 달 오른쪽에서 빛나는 별을 찾아내었다. 이름이 가물거렸지만 아마 그것은 틀림없이 금성일 거라고 추측했다(집에 와서 찾아보니 달 근처에서 밝게 빛나는 건 목성이라고 한다). 정확한 이름이 기억나지 않을 때 알아보기 위해 별에 대고 보면 별자리 이름이 뜨고 설명도 볼 수 있다는 별자리 어플을 핸드폰에 깔아야겠다.

어릴 적 마당에 자리를 깔고 모깃불 옆에서 올려다보던 별들은 가장 오랜 시간을 건넜고 가장 오래 기억되는 별빛이다. 그때 나는 별들을 보면서 나의 꿈들을 얘기하고 끊임없이 교신하면서 그 빛들이 대답해 주기를 기도했었다. 그리고 문명의 빛을 쫓아 도심의 불빛에 가려진 채 지내던 시간 속에서 점점 별을 잊었다. 긴 시간, 빛을 잃고 허상 속에 있었던 듯한 내게 별빛들이 다시 조우하듯 쏟아져 들어왔다. 이 꿈같이 아름다운 밤, 아름다운 세상. 거대한 우주의 프로그램에서 나의 존재란 어떤 의미일까.

같은 길을 걸었고 긴 시간을 함께한 친구들, 젊은 새내기 교사였을 때, 아직 우리가 경험하지 못한 세상은 넓고 우리가 할 수 있는 일도 무궁무진하다고 느꼈던 그때, 우리들은 아이들의 교육에 대하여 같이 고민했고 나라의 앞날을 걱정했다. 서로 힘이 되었고 서로 위로하면서 지금까지 왔다. 때로 직장의 힘든 일 때문에, 또는 시댁의 일들로, 남편과 아이들의 문제로, 고민하고 힘들어한 적도 있었지만 여기 지금 함께 모여 별을 볼 수 있다는 것은 모두 열심히 잘 살았다는 증거라고 생각했다.

커다란 백구 두 마리가 문 앞에서 어슬렁거리며 우리들을 지켰다(밤새 그렇게 주인 가까이에서 지킨다고 한다). 가끔가다가 안이 궁금했는지 거실을 들여다보기도 하는데 밤은 조용히 흘러가고 있었다.

초록 숲

다 보지도 못했는데 흐드러지게 피었던 봄꽃이 모두 졌다. 떨어진 꽃잎을 따라 동산에 오르니 초록이다. 벚나무도, 상수리나무도 초록이다. 둥글둥글 둥굴레 잎도, 만져 보면 포근한 덜꿩나무 잎도, 진달래꽃 진 자리도 초록이다. 잎은 모두 초록의 길로 통하고 있었다.

숲은 연한 투명의 초록으로 가득하다. 가만히 보면 모두 같은 초록은 아니다. 노랑인 듯한 초록, 보드랍고 투명한 초록, 푸른빛이 도는 초록, 진녹색까지 참으로 다양한 초록의 빛깔이다. 노르스름한 연둣빛부터 녹색, 청록 등등, 색 분류를 따져 보기에 앞서 나는 이 모든 빛깔들을 초록이라 부르고 싶다.

잎 사이로 햇살이 반짝반짝 비치는 광경을 보며 길을 걷는다. 초록 바람이 숲을 지나간다. 가슴속까지 일렁이는 바람으로 자연과 하나가 된 듯하다. 가만히 보면 숲은 온통 바쁘다. 참새들은 낮은 나무에서 모여 놀고, 딱따구리는 먼 데서 '딱따구르' 소리를 낸다. 숲 사이로 까치가 날아 건너편 짝에게 간다. 나를 반기는 듯한 이 수런거림, 나는 이곳에 초대되어 온 듯한 착각이 든다.

초록 숲에는 초록색 잎만 있는 것이 아니다. 자세히 살펴보면 여러 빛깔의 꽃도 있고 갈색 가지도 있고 희고 검은빛 새들도 있다. 그런데 초록은 분홍이든 빨강이든 흰색이든 검정이든 어느 빛깔과도 잘 어울린다. 함께 있으면서도 있는 듯 없는 듯 그러면서 다른 것들을 돋보이게 해 주는 색이 초록이라지만 멀리서 보면 모든 색은 초록으로 통한다. 초록은 약하지 않다. 잊혀지고 묻히지 않는다. 다른 많은 색들은 오히려 초록을 더 강하게 받쳐 주고 있다는 생각이 든다. 나폴레옹이 가장 좋아했다고 하는 색, 나도 초록을 사랑한다.

결핍의 시간이 지난 뒤에 희망이 찾아오듯 황량한 시간이 흐른 뒤에 찾아오는 녹색은 새로움이다. 녹색과 친근해지기 전까지 나는 회색 도시 한복판에서 많은 세월을 보냈다. 주변 건물도 아파트도 직장도 둘러보면 모두 회색이었다. 무언가 이룬 것 같았지만 잃고 있었다. 나는 그 안에서 숨이 막혔고 조금씩 무너져 갔다. 어린 시절 어디나 푸르름이었던 그런 곳이 그리워졌다. 문득 녹색은 내 그리움의 원천이라는 생각이 들었다. 그리고 마침내 이곳으로 왔다.

숲속 길에는 산책 나온 사람들이 많다. 어제 만난 털이 검은 강아지와 곰 인형을 닮은 강아지를 데리고 나온 여인을 오늘도 만났다. 다리가 불편한 아저씨도 걷는다. 허리가 통통한 아주머니는 체육 기구가 놓인 자리에서 훌라후프를 돌린다. 새들도 강아지도 우리들도 모두 초록 자리에서 즐기고 있다. 초록이 초대한 자리에선 모두 친구가 된다.

작은 바람과 산새 소리에 조금씩 가지를 흔들며 나무들이 서 있다. 늘 한자리에서 누군가의 사랑을 기다리고 있었을 것만 같은 나무, 나무는 그냥 아낌없이 주는 나무다. 언제나 포근히 나를 품어 줄 것 같은 이 숲, 생명의 힘과 아름다움을 가진 이 초록의 계절이 오래오래 내 곁에 머물렀으면 좋겠다.

바람이 온다

아파트 정원의 나무들이 바람에 흔들리고 있다. 가까이 보이는 동산의 나무들도 잎사귀가 뒤집히고 가지들이 손을 허우적거리는 듯 보인다. 낮이 되니 태풍이 근처를 지나는지 큰바람이 불고 있다. '링링'이라는 이 태풍은 한반도 서쪽을 강타할 예정이라고 한다. 여름이 떠나가며 마지막 요란한 인사를 하는 듯하다. 창문을 열어 보니 바람 소리가 심상치 않다. 보이지 않는 바람에서 저렇게 큰 소리가 나다니 놀랍다.

창밖을 내다본다는 것은 내 삶을 멀리 보고 잠시 쉼을 얻는 것이다. 살짝 가려진 커튼 사이로 건너다보이는 앞산에 햇살이 내려온 것을 바라보면서 하루를 연다. 어떤 하루가 될지 기대해 본다. 차를 마시면서 창밖을 바라보고, 일을 하다가도 밖이 궁금하여 보기도 한다. 무료할 때, 외로울 때도 밖을 본다. 창은 바깥세상과 무언의 소통창구이다. 오늘은 창밖의 나무들이 바람에 몹시 흔들리고 있다. 센 바람이 분다.

바람이 길도 없이 오는 것 같지만 나는 이곳에 살면서 바람길이 있다는 것을 알았다. 조금씩 바람이 불어오는 방향과 길을 감지하기 시작했는데 바람은 뒤쪽 베란다 창문으로 제일 많이 들어왔다. 더운 여름에 나는 이 창문 앞에서 많이 서성거리며 바람을 맞았다. 어느 날 새벽에는 시원한 바람이 왈칵 창 문지방을 넘어 들어와 가을이 가까워 왔음을 알려 주기도 했다. 밖으로 나갔을 때는 아파트 정문에서부터 중앙 광장 쪽으로 걸어가면 바람을 가장 잘 만날 수 있고, 동네를 걸을 때는 베르네천 쪽으로 걸어 약간 경사진 지양산 쪽으로 가면 바람이 잘 분다. 나는 올여름 이 바람길을 따라서 걸었다. 그리고 한참씩 바람에 몸을 맡겨 바람의 향기를 맡고 바람의 안부를 감지했다.

바람은 소식을 들고 온다. 미풍에 실려 오는 마른풀 향을 맡으며 가을이 오고 있음을 알고, 축축하고 습한 바람에서는 비가 뒤따라올 것을 안다. 풀 향기도 나무 향기도 바람에 실려 온다. 구수한 들판에서는 여문 곡식의 소식을 알게 된다. 바람은 그냥 오지 않는다.

나는 지난 어느 늦은 봄날의 풍경을 기억하고 있다. 그날도 바람이 세게 불었다. 창가에서 내려다본 나무들은 서로 춤을 추듯 이리저리 흔들리고 있었다. 가지들이 흔들렸고 마지막 남아 있던 꽃잎들이 우수수 떨어지고 있었다. 나뭇잎의 앞뒤가 번갈아 바뀌고 있기도 하고 옆의 나무들과 손을 잡기라도 하는 듯 가지들이 서로 닿기도 했다. 가지가 손짓하면서 서로를 위로해 주는 듯 보이기도 했다. 자세히 보아야 알 수 있는 풍경들이었다.

그때 나는 깨달았다. 바람이 올 때 나무들은 가지를 흔들리며 몸을 바람에게 맡겨서 불필요한 것을 내어 주거나 버리고 있었다는 것을……
바람이 부는 것은 움직일 수 없는 자신들을 위해서라는 것을 나무들은
알고 있는 듯했다. 바람에 의지해 먼지를 떨고 불필요한 가지들을 쳐내
며 바람에 몸을 맡긴다는 것을 알게 되었다.

   비까지 내리면서 밖은 자연에 순응하고 있다. 큰바람이 지나가고 나면 풀과 나무들은 한층 향이 짙어지고 공기는 맑아지고 평온한 시간을 맞이할 것이다. 나무들은 이웃 나무들과 손을 잡고 몸을 움직이며 유연하게 흔들린다. 몸의 힘을 빼고 바람에 몸을 맡기고 향기를 맡으면서 바람이 지나가기를 기다린다.

   오늘도 나는 받아들여서 새로워지는 한 그루의 나무가 된다. 불어오는 바람을 맞으며 더 깊어지는 나무가 된다.

푸른 향기

 아카시아 향기 가득 날아오던 시간을 지나고, 아찔한 밤꽃도 뾰족한 가시를 키워 가며 열매를 꼭꼭 품고 있는 시간, 무성한 여름을 건너고 있다. 들길을 걷는다. 한낮의 햇살을 피해 걷는 이 시간, 초록 풀 내음이 좋다. 어둑해지는 길에서 깻잎이 익는 고소한 향, 옥수수 알 여무는 구수하고 향긋한 향, 붉어 가는 고추의 싸한 향…… 밭에서 곡식 향이 날아온다. 지금은 생각이 날 듯 말 듯 한 여러 향기들.

 그리운 추억은 언제나 향기로부터 다가온다. 내가 자란 동네에서는 늘 향기와 친근했다. 코만 벌름거려도 무슨 풀인지, 곡식인지, 나무인지 금세 알았다. 지금도 기억하는 푸르른 풀 냄새, 학교 오가던 길의 싸한 플라타너스 특유의 가로수 향기, 비 오고 난 뒤의 잠시 그 진한 향기는 걷는 내내 친구처럼 따라왔고 무거운 책가방도 발걸음도 가볍게 했다. 가로수 주변으로 논과 밭과 산에서 나던 상긋한 푸르른 향, 아련한 그리운 향기들. 그 길을 걸으며 주고받던 무지갯빛 언어들을 나누던 친구들, 차곡차곡 쌓인 지난날의 행복을 펴 보면 맑고 푸른 향기도 함께 쏟아져 나올 것 같다.

소나무 향은 내가 가장 좋아하던 향이었고 지금도 그렇다. 소나무 사이로 난 길로 걸어 올라가다 보면 나무에서, 솔잎에서, 언제나 고고한 향이 밀려왔다. 산에 그 많던 소나무 송홧가루 날리는 봄이면 대청마루에 노랗게 가루가 쌓였고 나는 바람이 끄는 대로 앞산으로 갔다. 산에 오르면 솔향기가 짙게 반겼다. 노란 금빛 가루를 찾아가다 보면 가지 끝에 자라는 소나무 새순의 끝부분에 연한 노란빛의 송홧가루를 담은 수술들이 잔뜩 부풀어 있었다. 솔방울을 톡톡 건드려 송홧가루가 떨어지는 것을 보기도 하고 몇 번은 가루를 받아 보려고 손에 떨구어 보기도 했지만 신통치는 않았다. 수북이 쌓인 솔잎을 밟으면서 걸을 때 솔이 노랗게 쏟아져 내린 나무 아래서 몇 개의 솔방울을 발견하곤 고운 색의 솔방울을 주워 집까지 가져오기도 했다.

 땀 흘리며 들에서 일하신 아버지는 이상하게도 마른풀 냄새의 기억으로 다가온다. 가축에게 먹이려고 아버지가 베어 놓으신 건초더미에서도 향기가 났고, 아버지한테서도 눅눅한 땀 냄새 대신 맑은 풀 같은 향기가 났었다. 술과 담배를 멀리했던 아버지의 바른 생활 향기였을까. 아버지는 셋째 딸인 나를 특히 예뻐했다. 늘 뾰족한 밤송이처럼 까칠했던 나, 언제나 말이 없으셨던 아버지. 나에게 보내던 따뜻한 눈길과 미소가 있던 그리운 시간들이 아픈 향기로 다가온다.

 그리운 얼굴들이 다가온다. 푸른 풀 향기처럼⋯⋯ 무지갯빛을 찾아 같이 걸었던 향기로웠던 친구들, 언제나 같은 길을 갈 것 같았던 그리운 친구들이 다가온다. 우리의 지난날이 얼마나 아름답고 향기로웠는지, 모두 잘 지내는지. 좋은 추억으로 남겨진 지난 시간들이 안개처럼 피어오른다. 지금 어떤 모습으로 어떤 향기로 살아가는지 궁금해진다.

베어서 깔끔하게 정리한 가로수 길가의 풀 더미에서는 향기가 더 짙게 난다. 베어진 풀에서 나는 향기를 맡으며 나는 나무의 언어를 읽어 보려고 했다. 초록의 향기는 어쩌면 순한 그들의 언어인지도 모른다. 어쩌면 상처일지도 모를 저 풀들의 아픈 외침에서 향기를 맡다니. 우리에게도 향기 나는 사람은 아픈 상처를 극복한 사람일까?

푸른 잎의 보호 속에 커 가는 열매와 곡식들은 씩씩하게 여물어 가고 있다. 보이는 모습보다 훨씬 강하게 자라고 있다. 익어 가는 것들에게서 풍겨 나오는 짙은 향기를 맡으며 아름다운 향기로 익어 가기까지 극복해야 할 것들을 생각해 본다.

이 길 위에서 나는 어떤 향기일까. 스치던, 만나던, 지나가는 인연들이 나를 기억할 때 좋은 향기로 기억된다면 잘 살아온 사람일 거라고 생각한다. 역겹지 않은 향, 인위적이지 않고 자연스러운 향, 향긋하고 달콤한 향기들, 나도 익어 가면서 그런 좋은 향기로 기억되고 싶다. 살아가는 날들 위에서 아름다운 향기로 기억되어져 가는 내가 되길 기도하면서 말 없는 언어로 향기를 주는 것들에게 미소로 감사의 인사를 전한다.

사이사이

지난주 목요일은 입추였고 오늘은 말복이다. 가을의 문턱을 넘었지만, 무더위는 절정이다. 며칠 동안 폭염경보가 발령되었다. 낮 기온이 36도나 된다는 기상청 날씨 예보를 보고 더위를 피할 작정으로 집을 나왔다. 드라이브도 하고 맛있는 걸 먹으면서 시간을 보내려고 양평 쪽으로 향했다.

하늘은 높고 푸르렀다. 새털구름이 하늘 높이 떠 있었다. 지나가는 바람이 구름을 쓸어 놓은 것처럼 깨끗하고 창밖으로 나무들이 작게 흔들리고 있었다. "바람이 불고 시원한 것 같아." 했더니 남편이 창문을 조금 열었다. 선선한 바람이 부는 것 같았는데 금세 열기와 습기를 품은 바람이 훅하고 밀려들어 왔다. 하지만 높고 푸른 하늘과 차창 밖 풍경은 가을의 문이 조금씩 열리고 있는 것 같았다.

입추가 왔다는 것이 무더위가 완전히 끝났다는 뜻은 아니지만, 곧 선선한 날씨가 다가온다는 의미가 아닐까. 그래서인지 며칠 전부터 저녁 산책길 나무들에게서 마른풀 냄새가 조금씩 났다. 새벽이면 열어 둔 창으로 들어오는 바람에서도 가을 기운이 났다. 슬금슬금 밀려들어 오는 한결 시원해진 바람은 곧 가을이 올 거라고 알려 주는 듯했다. 지난가을에 만난 익숙한 기억들의 몸짓이 가까이 다가오고 있는 것을 느꼈다. 더위 한가운데로 가을이 조용히 스며들고 있음을 직감했다.

 가장 뜨거웠던 날에 뻘뻘 땀 흘리며 살았던 지난날, 나의 여름날엔 소나기 오고 비바람도 치고 때로는 태풍도 밀려왔다. 조금씩 스며드는 것들이 다음을 예고하고 있었으나 깨닫지 못했던 날들이 있었다. 어느 날 내게 다가온 일들은 생각해 보면 서서히 그리고 조용히 스며들었다. 아팠던 날, 기뻤던 날, 좋았던 날 등등. 예감할 수 있었다면 덜 실수하고, 덜 아프고, 덜 괴로워했을 텐데…… 행복한 일들을 더 많이 즐겼을 텐데.

 그것이 언제 오는지 언제 가는지 이미 닥치고서야 깨달을 때가 많다. 하지만 그 모든 날들이 나를 익어 가는 열매로 맺게 해 주었음을 안다. 무더위가 고마운 계절임을 추운 계절이 되어서야 알게 되는 조금 늦은 깨달음과 같다. 정신 차려 고개 들었을 때 이미 사라지는 것들, 언제 사랑하였고 언제 잊혀졌으며 언제 새로운 것들을 맞았는지……. 지금 가을을 기다리지만 모든 생명들이 더위 속에서 자라고 생육하고 성장했으니 여름날의 폭염은 오히려 복이다.

 서서히 물러가는 여름, 끝을 마주하고 나서야 미련이 남는 것은 자연이나 인간이나 마찬가지인가 하고 무더위 한가운데서 가을을 맞이하며 생각한다. 여름의 유산을 받아 가을의 계절을 건너듯 어떤 것도 서둘러 보내지 말며 또 미련을 갖고 붙들지도 말자.

계절과 계절 사이, 어제와 오늘 그리고 새벽과 아침, 사람과 사람 사이, 미움과 사랑, 그 많은 사이사이……. 내면을 들여다본다. 이젠 나도 내게 정들어 스며들고 싶다. 나와 나 사이, 지난 나와 오늘의 나 사이, 조용히 스며들고 싶다. 스며들어 더 좋은 내가 되도록, 조금 더 생각하고 조금 더 차분하게 자신을 돌아보며 여문 삶을 살고 싶다.

창밖엔 어둠이 빼곡하고 풀벌레 소리가 가득하다. 나도 이제 서서히 어둠 속으로 잠 속으로 스며들어야 할 시간이다. 하루의 끝에서 서서히 나의 내면으로 온전히 스며든다. 조용히 꿈과 꿈 사이로.

반짝이는 시간들

곱게 가을이 깊었다. 단풍을 품고 있는 가을 나무가 아름답다. 가을은 수많은 색이 들어 있는 아름다운 명화다. 자세히 보면 나무 하나하나에도, 잎새 하나에도 여러 가지 색을 품고 있다. 누가 이렇게 조화롭고 아름답게 표현할 수 있을까. 자연주의의 많은 구상 화가들이 붓을 든다 해도 아름다운 자연을 넘어설 수는 없을 것이다. 그리하여 화가들은 자연에 대한 도전을 멈추고 추상화의 길을 가는 현대에 이르지 않았을까, 확인되지 않은 상상을 하면서 아름다움에 감탄한다.

지난해 깊어지는 늦가을 이곳으로 이사 왔을 때 버드나무처럼 휘늘어져서 붉게 물들었던 아파트 정원 공작단풍나무의 자태와 빛깔에 감탄했는데 다시 그 계절이 되었다. 올해도 역시 붉은 단풍나무가 공작 깃처럼 아름답게 휘늘어져서 가는 길을 멈추고 바라보게 한다. 봄날에 꽃이 붉었던 철쭉은 단풍도 짙은 붉은색이다. 벚나무 잎과 화살나무의 잎들도 모두 붉지만 조금씩 색깔이나 채도가 다르다. 뭉뚱그려서 붉은색이란 단어로 표현하기엔 턱없이 부족하다.

아직도 열매를 달고 있는 모과나무는 노르스름하게 잎이 물들었다.

봄날에 서럽게 지던 흰 꽃을 떠나보낸 목련나무는 녹색의 잎과 함께 여름을 지내더니 가을이 되어 노란빛으로 살짝 물들었고, 떨어진 잎은 우아한 갈빛이 되었다. 어린 시절 가장 친근했던 플라타너스는 이 동네에서 길가의 가로수로 다시 만났다. 포근한 느낌의 넓적한 갈색 잎이 다정하게 다가온다. 은행나무는 가지에 아직도 많은 노란 잎을 달고 있다. 땅 위에도 노란 양탄자처럼 수북이 깔렸다. 언뜻 보니 물 위에 반사된 듯 어른거린다.

  동산에도 투명한 나뭇잎들이 햇살에 반짝인다. 피어나는 희망 같은 초록의 잎들을 보며 맞이하던 봄날이 엊그제 같은데 울긋불긋 물들었다. 떨어지는 낙엽이 햇살에 보석처럼 빛난다. 산속이 환하다. 혼신의 힘을 다해 가장 아름답게 빛나는 순간이다. 얼마 전까지만 하여도 '투둑뚝' 하고 가끔씩 도토리 몇 알을 내려보내면서 맞이하던 참나무도 이제는 완전히 갈색으로 물들었다. 붉은 열매를 단 덜꿩나무(핸드폰의 스마트렌즈를 보고서야 이름을 알아내었던)도, 밤나무도 갈색으로 물들었다. 모두들 자기만의 색으로 물들었다.

  초록으로 왕성했고 뜨거운 여름의 세찬 비바람에도 거침없이 달려왔던 가을 나무들은 한 해를 마무리하기 위해 절정의 시간까지 온 듯하다. 많은 날들의 거센 시련을 견뎌 내고 나뭇잎이 물들어 건너온 시간들을 생각한다. 열매를 맺은 나무도 있고 또 어떤 나무는 봄날의 꽃만으로 할 일을 다 하고 가을을 맞이한 나무도 있다. 아니면 꽃도 열매도 맺지 못했지만 아름답게 물든 나무들도 있다. 꽃도 피고 열매를 맺는다면야 더 없이 좋았겠지만 아마도 그들만의 사연과 할 일과 역할이 있었을 것이다. 그들의 뜻이 아닌 자연의 이치에 따른 것뿐이리라 생각했다.

 출근하는 것이 너무 피곤하고 힘들다고 하는 친구들에게 "나는 가끔 창밖을 보면 출근하고 싶어진다. 그래도 출근할 때가 좋더라. 건강하다면 명퇴하지 말고 근무하라고 권하고 싶다."라고 말한다. 그 저변에는 지난날 겪었던 암 재발의 위험을 두려워하는 마음이 남아 있다. 주변에서 많이 보아 왔으므로, 물론 건강하게 지금도 일하는 사람들도 있지만 말이다. 이제 예전의 직장으로는 돌아가지는 않을 것이다. 하지만 무엇을 해야 하는지 끊임없이 나 자신에게 묻고 있다. 아직 뚜렷한 답은 얻지 못했지만, 나로 인하여 세상이 조금이라도 빛날 수 있는 일이 있다면 그런 일을 하면서 살아가고 싶다. 좀 더 아름다워지거나 정의로워지거나 무언가는 달라질 수 있는 일을 하기 위하여 나는 멈추어 있지만, 아직도 꿈을 꾼다.

 '안녕. 이제 머지않아 아름다운 시간들을 지나 침잠할 시간이 올 거야. 또다시 새로운 꿈으로 나아가는 여정이지. 올해 이미 한 세계를 완성했고 다시 봄이 오면 새로운 꿈을 틔워내고 아름답게 열매 맺고 물들일 수 있으니 새로운 꿈과 꿈이 이어져 하나의 꿈으로 완성되는 시간까지 꿈을 꾸자. 그리고 지금 이 순간을 가장 아름답게 물들여 빛내자.'

자기만의 색으로 물들라고, 시간을 기다리면서 다시 천천히 준비하라고, 새로운 꿈을 꾸라고, 지금은 아름답게 물들 시간이라고, 다시 생명이 움트고 꿈꿀 시간을 위하여 침잠하는 겨울이 올 테니 견디어 내자고 나무들이 서로 다짐하듯 가지를 흔든다. 지나간 것은 지나간 대로 두고, 다시 올 날들 속에서 자신들처럼 새로운 꿈을 꾸고 또 목표를 세우라고 나무들의 속삭임이 찬 바람 부는 가을 길에서 들려오는 듯하다.

그리고 아무 말도 하지 않았다

작은딸은 식품조리학과를 다녔다. 대학에 입학하자 칼과 조리기구 세트를 사 주었다. 은빛 빛나는 박스에는 여러 가지 조리용 기구들이 구비되어 있었다. 그걸 들고 기분 좋게 학교로 갈 때면 내 딸이 마치 이미 훌륭한 셰프가 된 것 같은 생각이 들었다.

평소 내가 쓰던 칼이 부엌에서 사라졌다. 그 부엌칼은 과도와 함께 세트로 내가 가장 아끼는 물건 중 하나였다. 대신 낯선 칼이 보였다. 알고 보니 작은딸이 자기 칼을 박스에서 꺼내고 내가 아끼는 칼로 바꾸어 가지고 다니는 것이었다. 그리고 몇 달 지나지 않아 그 칼을 잃어버렸다는 걸 알았다. 좋은 걸 알았는지 누가 슬쩍했다는 것이다. 남은 건 과도 하나뿐이었다. 그렇게나 하고 싶다던 요리를 공부하게 되었다고 좋아하였기 때문에 딸에게는 속상한 표정을 나타내지 못했다. 이번 가을에는 그 과도마저 잃어버렸다. 요즘 부쩍 부엌일을 돕겠다고 남편이 부엌에 나타나더니 그 칼이 없어졌다. 내 생각엔 아마도 김장철 즈음에 부엌일을 돕던 남편이 신문지에 김장 쓰레기와 함께 쓰레기통에 버린 것 같다. 그 두 개의 쌍둥이 칼은 그렇게 사라졌다. 내겐 여러 가지 의미가 있었고 추억이 깃든 칼이었기 때문에 상심이 무척 컸다.

용인에서 근무하던 때였다. 아이들을 가르치던 푸른 시절이었다. 가르치는 아이들이나 내 아이들 모두 새싹처럼 푸르렀고 예뻤다. 아름다운 자연에 좋은 사람들과 더불어 착하고 귀엽고 영리한 아이들이 많았기에 행복했던 시절이었다.

1학년 담임이었을 때 독일에서 한동안 살다 온 학부모로부터 선물을 받았다. 부엌칼과 과도가 쌍으로 들어 있는 쌍둥이 칼이었다. 너무 날카롭지도 않고 무디지도 않았다. 칼은 온화하고 부드러웠다. 처음인데도 새것같이 낯설지도 않고 오래 사용하여도 무뎌짐이 없었다. 손의 감촉에서 약간의 무게감이 느껴져 듬직하기까지 하였다. 오랜 친구 같은 느낌이 들었다. 나는 이 칼을 아주 소중히 아끼고 사랑했다.

용인의 날씨는 어디서나 안개가 자욱이 내려앉던, 내가 책에서 읽었던 독일의 날씨와 많이 닮아 있었다. 그 뿌연 안개 너머로 독일의 풍경을 상상하며 그곳에서 온 선물이 마치 나에게 어떤 의미를 부여하는 것 같았다. 내가 소녀 시절 동경한 전혜린이 사랑했던 독일에서 온 칼이었기 때문에 더더욱 의미가 있었다.

용인을 떠나온 후로도 칼을 사용하다 보면 용인의 시절이 스쳐 가기도 했다. 부엌 창밖으로 보이는 나무들과 학교 운동장 그리고 뛰노는 아이들의 소리를 들으면서 그리운 시간을 되돌리기에 충분했다. 그 칼은 보기만 해도 내 여러 추억으로 연결되는 아이콘이 되었다. 아이콘 하나만 누르면 원하는 사이트로 이동하듯.

나는 더 자유롭고 싶었고 더 멀리 가고 싶었다. 감수성이 예민했던 고교 시절, 미래를 가늠하기 힘들었다. 등대같이 나를 인도하는 작은 불빛이 있기는 한 것 같은데 그곳이 어디인지 어떻게 가야 할지 알 수 없었다. 물질의 결핍과 부족에도 오만한 젊음, 순수한 정신이 있었기에 그 시절을 견뎌 온 것 같다. 그 시절 내가 헤쳐 나갈 길은 많지 않아 보였다. 여러 책들을 읽으며 앞날에 대한 계획을 고민할 때 알게 된 작가가 전혜린이다. 도서관에서 책 제목에 이끌리어 《그리고 아무 말도 하지 않았다》를 발견한 것이 그녀와의 첫 만남이었다. 독일에서의 그의 생활은 나를 상상의 나라로 보내기에 충분했다. 정신적 자유를 갈망하던 그녀를 좋아했고 지성적인 그녀를 동경했다. 그렇게 그녀를 닮고 싶었고, 그녀에게 빠져서 아름다운 상상을 하면서 고교 시절을 보냈다. 게다가 젊고 예쁜 독일어 선생님이 〈제비〉, 〈로렐라이〉 등 독일어 노래들을 열심히 가르쳐 주셨기 때문에 독일에 대한 동경은 더해 갔다. 이히리베디히(Ich liebe dich), 당케쉔(Danke Schön), 아우프 비더지엔(Auf Wiedersehen) 등을 배우며 전혜린을 만나고 독일의 도시를 상상 속에서 여행했다. 모두가 이방인이었고 세상의 아웃사이더처럼 생각되었을 때 그녀는 나의 롤 모델이었다.

최근에 강화의 K교수님 댁에서였다. 쌍둥이 칼을 잃게 된 이야기를 하면서 농담처럼 칼 사러 독일에 가야겠다고 했더니 쌍둥이 칼을 내게 선물하겠다고 했다. 마침 남는 칼이 있다고 주고 싶다고 하였다. 생각지도 못한 선물을 받고 너무 기뻐서 박스를 열어 보니 하얀 골판지에 정성스레 포장된 칼이 들어 있었다. 내가 용인에서 받았던 두 개의 칼보다 더 많은 내용물이 들어 있었다. 칼집과 가위와 칼갈이가 보태져 있었다. 은빛으로 빛나는 아름다운 칼을 보고 쓰다듬듯 살짝 만져 보았다. 칼의 감촉이 차가운 느낌으로 전해져 왔다. 쌍둥이 칼의 로고가 뚜렷하게 들어왔으므로 부정할 수는 없었지만 내가 쓰던 묵직한 느낌과는 다르게 살짝 가벼웠다. 하얀 골판지에 싸여 있는 녀석을 살그머니 쓰다듬는데 붉은색이 골판지에 배어 나왔다. 살짝 스쳤는데 얼마나 날카롭던지 손에서 피가 흘러나왔다. 새로 입양하는 아이처럼 어색해하는 나에게 그 칼은 그렇게 서늘하게 다가왔다. 어쨌든 나는 그날 칼을 선물받고 흔쾌히 한우고기를 쏘았다.

나는 아직 독일에 가 보지 못하였다. 전혜린, 그녀가 살았던 독일에 가고 싶다. 뮌헨, 그리고 슈바빙에 가고 싶다. 슈바빙 거리를 거니는 동안 전혜린이 즐겨 찾았다는 음식점 '제에로오제(Seerose)'도 가 보고 싶고 혹시 그녀의 발길이 머물렀을지도 모를 거리도 걸어 보고 싶다. 그녀가 몇 번쯤은 간절한 기도를 올렸을지도 모를 작은 교회에 들어가 보기도 하고, 책방도 들여다보고, 작은 상점 앞에 머물러도 보고 싶다. 그녀의 흔적을 쫓아 안개 자욱한 거리를 거닐며 그리운 시절의 나를 다시 만나 보고 싶다.

애장품이란, 이렇게 잊을 수 없는 기억이 담긴 삶의 조각이 아닐까? 애장품은 자신에 대한 기억이고 마음에 품은 추억이다. 그리고 그 시간들은 아마 계속해서 그리운 날들로 남을 것이다.

헤세를 다시 만나다

 헤르만 헤세를 글이 아닌 그림으로 다시 만났다. 광명의 한 갤러리에 서였다. 그림을 그리고 정원을 가꾸면서 정신적인 어려움을 이겨 냈다는 헤세, 맑은 그의 영혼처럼 그림은 투명하고 따뜻했다. 아름다운 그림 작품에 더해지는 최신기술과 감각적인 영상, 소설 속 명대사들이 나를 이끌었다. 다양한 디지털 기법을 통해 재해석된 그림들은 살아 움직이는 듯 생생해서 헤세가 자기 그림 속 정원을 걸어가기도 하고 손을 흔들기도 했다. 디지털 아트 기술의 발달로 과거로 건너가 헤세를 만나는 시간이었다.

 대학입시에 매달려야 했던 시간들이 끝나고 세상으로 나아갈 무렵이었다. 저 너머에 무한히 넓은 세상이 있을 것만 같았던 그 시절, 나에게 있었던 것은 대학 합격증 하나가 전부였다. 그것은 내가 생각했던 가장 소중한 보물이었지만 지키기에는 너무나 힘이 들었다. 낭만에 젖어 있을 시기, 마음을 설레게 만드는 대학 생활에 대한 가득한 기대 대신에 가장 기본적인 의식주부터 해결해야 했다. 새내기들의 호기심에 대한 설렘은 사치나 다름없었다. 뽀얀 그 시절엔 좀 더 행복해도 괜찮았으련만 나는 그 문 안으로 들어가지 못했다.

힘들고 불안했던 시기에 만났던 헤세, 그의 책들을 읽으면서 살아가는 데 있어서 누구나 많은 시련이 존재하고 이를 헤쳐 나가는 것은 자신의 몫이라는 것을 조금씩 알게 되었다. 따뜻한 글귀 하나하나가 위안이 되었다. 조금씩 인생을 알아갔다. 특히 《데미안》은 내가 사랑했던 작가 전혜린이 번역한 작품이라 더 좋아했다. 《데미안》을 읽으며 가슴 저릿했던 시간들. 진정한 삶에 대해 고민하던 데미안을 통해 나 자신을 찾아가던 여정이었고 나는 그 속에서 나를 채워 갔다. 멈추고 싶을 때마다 그의 명문장을 생각하며 나를 지켰다.

> 새는 알에서 나오려고 투쟁한다. 알은 세계다.
> 태어나려는 자는 하나의 세계를 깨뜨려야 한다.*

전시장은 전체적으로 11개의 공간으로 되어 있었는데 치유와 회복, 화가 헤세, 정원사 헤세 등의 다양한 테마를 주제로 하고 있었다. 전시 공간 곳곳에 그의 글들을 적어 놓았고 목소리로 글을 들을 수 있는 공간도 있었다. 문학과의 컬래버라고 해야 할까? 흘러가는 영상 속 그림을 보면서 숲속 어디, 마을 어디 여행을 떠나는 기분이 들었다. 밝은색의 물감으로 그린 스위스의 조용한 마을 풍경을 들여다보고 있자니 그 환한 햇살 아래 산과 호수 사이를 지나가는 서늘한 바람이 마음 가득 불어오는 듯했다. 시간이 느리게 가는 그곳. 아름답고 따뜻한 영상이었다. 이번 전시에서 그의 손글씨와 초판본 소설집, 그가 쓰던 타자기와 안경

---

* 헤르만 헤세 저, 전혜린 역, 《데미안》, 북하우스, 2013

등도 전시되어 있었는데 글을 쓰다가 잠시 정원을 돌보러 나간 것이 아닌가 하는 착각이 들기도 하고, 스승을 잃고 그의 유품을 보는 듯하기도 하여 설레면서도 한편으로는 가슴이 뭉클했다.

 수선화를 닮은 아름다운 후배 K, 그녀는 헤세를 만나려고 의상까지 콘셉트에 맞춰 입고 왔다. 지적여 보이면서도 투명하고 맑은 그녀의 얼굴이 우아한 원피스와 잘 어울렸다. 마치 연인을 만나러 나온 여인 같았다. 그녀는 갤러리에서 찍은 멋진 사진을 덤으로 얻고는 인생샷이 나왔다며 좋아했다. 나도 나름 생각하고 나오긴 했지만, 요가를 끝내고 바로 가느라 티셔츠와 청바지의 간편한 복장이었다. 그래서인지 찍은 사진이 맘에 썩 들지는 않았다. 그래도 오늘 하루가 꿈결처럼 아늑하고 아름답다고 느꼈다.

 오늘의 따뜻함을 기억하려고 아트숍에 들러 작은 크로키북 몇 권하고 그의 그림이 담긴 메모지, 컵 받침, 엽서 등을 한 아름 샀다. 그리고 후배의 친구가 유학 시절 《유리알 유희》를 몇 번이고 읽으면서 어려운 시기를 견디어 냈다는 말을 듣고 집 근처 도서관에 들러서 《유리알 유희》를 빌렸다. 《청춘은 아름다워》, 《수레바퀴 아래서》하고 《데미안》도 같이 빌렸다. 잠 안 오는 밤 찬찬히 다시 읽어보려고 한다.

 알을 깨고 새로운 세계로 가기 위해 애쓰던 청춘의 시간은 흘러가 버렸다. 그리고 나는 어느덧 어른이 되어 버린 지 오래다. 하지만 인생은 끊임없이 자신을 찾아가는 여정이며 아직 끝나지 않은 인생의 여정 속에서 헤세는 여전히 내 마음의 스승이다.

나의 밤나무

나는 내가 자란 곳에 대한 경건한 마음이 있다. 가진 것 없는 황량함 속에서도 고향 마을은 나를 키워 냈고 삶의 자양분을 제공한 곳이기 때문이다. 아련한 기억들 속에서도 애틋한 감정들이 변치 않는 것은 그 모든 것들에게 보살핌을 받았던 따뜻한 양육의 기억이 함께하기 때문일 것이다.

어린 시절 시골 마을 고개 위에 두 채의 집이 있었다. 뒷집 마당과 붙어 있는 앞집이 우리 집이었다. 집 앞엔 큰길이 나 있고 텃밭과 작은 논들이 마을 입구로 들어가는 곳까지 연결되어 있었다. 읍내로 가는 초입이기도 하고 마을로 들어가는 입구이기도 했다.

마을을 약간 벗어난 곳이어서 동네 친구들도 만나기 어려웠다. 읍내 학교에서 재미 붙이고 집에 와서는 주로 혼자였다. 나의 세상은 책과 주위 이야기에 의존했으며 실제로 그 마을을 넘지 못했다. 친구도 별로 없고 어른들이 논밭으로 나간 시간에는 앞산에 자주 갔다. 놀이터이기도 했고 나를 받아 주는 쉼터이기도 했다. 친구가 놀러 오면 진달래꽃이나 원추리꽃을 보면서 뛰어놀기도 했다. 그러다가 가끔은 고운 흙이 나오는 평평한 곳에서 소꿉놀이도 했다. 주워 온 물건들로 그릇을 하고 싸리꽃이나 달개비꽃 속의 쌀 같은 열매를 따서 곡식으로 삼아 놀이를 했다. 산등성이 더 위쪽으로 올라가면 잔디가 깔린 넓고 평편한 곳이 나왔다. 그곳에서는 잔디에 누워 푸른 하늘의 흘러가는 흰 구름을 보며 이야기도 하고 노래를 흥얼거리기도 했다.

　산 아래쪽 낮은 비탈에는 밤나무 한 그루가 서 있었다. 송홧가루 흩날리는 소나무가 가득했던 산비탈 입구에 혼자 서 있었다. 하지만 밤꽃이 필 무렵엔 주변을 온통 흔들어 놓아 존재감을 알렸다. 풍성한 가지를 가지진 못했지만, 가을엔 얼마간의 알밤도 선물했다. 풀섶에 보물처럼 떨어뜨린 알밤을 줍다가 근처의 까마중을 발견하곤 따서 먹기도 하고 메뚜기나 방아깨비를 만나기도 했다. 학교에서 돌아와 집에 아무도 없을 때 나는 밤나무에 매어 놓은 그네를 타고 놀았다. 발을 구르며 앞으로 힘차게 뻗으면 집 안마당이 훤히 들여다보이고 푸른 하늘도 가까워지는 것 같았다. 그네타기가 시큰둥해지면 그네에 앉아 우리 집을 내려다보며 이런저런 생각에 빠지기도 하고, 큰길로 지나가는 마을 사람들을 보면서 무료한 시간을 보내기도 했다. 그러다가 나뭇가지를 타고 올라가서는 아래로 뛰어내리기도 했는데 그때의 기분은 마치 하늘에서 내려가는 것 같은 아찔한 희열이었다. 나는 그 나무가 나와 놀아 주는 '내 나무'라고 생각했다. 말은 하지 않아도 서로 의지하는 나의 친구 같은 존재였다.

내가 더 크고 넓은 세상에 나가고자 도시로 갔을 때 서서히 그곳을 잊었다. 시골집의 아련한 그리움과 추억을 생각할 여유도 없이 시간이 빠르게 흘렀다. 직장 생활을 하고 결혼을 하고 아이들을 키우느라 정신없이 살던 그 어느 때쯤인 것 같다. 시간이 더 흐르고 밤나무는 잊혀졌고 형제들은 성장하여 제 갈 길로 갔다. 그 후 아버지는 돌아가시고 엄마는 혼자서 집을 지켰다.

아버지 산소는 그 밤나무가 서 있던 비탈길을 조금 더 올라간 위쪽에 있다. 잔디가 많이 나서 친구들과 누워 하늘을 보던 그곳 가까이 양지바른 곳이다. 몇 해 전 산소에 갔을 때 주변에 작은 밤나무들이 호위병처럼 서 있는 것을 보았다. 순간 '내 밤나무'의 자손들일 거라고 생각했다. 밤나무는 많은 자손을 만들었고 아버지 곁에서 함께 있었다. 아무도 없는 이 산에서 아버지도 밤나무 자손들과 함께 우리를 기다리고 있는 것 같았다. 밤을 주울 때는 아버지와 두런두런 이야기하고 있다는 생각을 했다. 우리가 밤을 주우며 좋아할 때 아버지도 빙그레 미소 짓고 계실 것 같은 생각이 들었다. 밤나무야 아버지 곁에서 잘 자라면서 잘 지켜주렴! 하고 혼자 말하고 나니 마음이 아파 왔다.

올해는 아버지 산소에 가지 못했다. 나의 밤나무 자손들과 아버지를 내년엔 꼭 찾아가야겠다. 추워지고 있다. 창밖은 나뭇잎이 지고 곧 눈이 올 것 같은 날씨다.

3장

푸른 향기

그곳에 안개가 산다

안개는 산 위로부터 미끄러지듯이 살금살금 산비탈을 타고 내려오고 있었다. 어슴푸레 어둠이 걷히자 어느새 안개는 산 아래를 내려와 마을로 들판으로 내려앉았다. 그러고는 천천히 호수의 피어나는 물안개와 서로 만나 살포시 수면으로 잠기는 듯싶더니 다시 주변으로 넓게 퍼졌다. 그리고 서서히 나의 숙소에까지 올라오고 있었다. 구름인지 안개인지 구분하기 어려운 이 안개는 내가 머물고 있는 산 중턱에 위치한 숙소 창가에서 한참을 어른거렸다.

구례의 한 마을이다. 남편이 얼마 전 발령이 났는데 숙소가 이곳에 있다. 지리산이 가까이에 있으며 앞쪽으로 아름다운 호수와 들판이 보이고 멀리 지리산 자락의 산들이 첩첩으로 둘려 있다. 남편을 응원하러 주말에 들렀다가 안개를 만난 것이다. 사실 '안개'라는 말을 나는 오래전부터 잊고 있었다.

창가에 서성이는 안개를 만났을 때 조금도 낯설거나 슬프지 않았다. 지난 시절처럼 가슴이 미어지지도 않았다. 그냥 문을 열고 나가서 크게 숨을 들이쉬었고 볼에 안개 바람을 맞았을 뿐이다. 그리고 안개가 아직도 어딘가에 살고 있었다는 것이 반갑고 놀라웠을 뿐이다. 왜 그랬을까.

용인에 잠시 근무한 적이 있다. 주말은 부천 집에서 쉬고 주중에는 그곳에서 머물렀는데 새벽에 어린아이들을 차에 태우고 갈 때는 늘 안개가 자욱했다. 용인이 다가오면서 고속도로 표지판에는 '안개 주의 지역'이라고 쓰여 있었다. 출근해서 학교 운동장을 바라보아도 온통 안개였다. 안개 속에서 아이들이 등교하고, 안개 속에서 아이들이 뛰놀고, 안개를 보면서 하루를 시작했다.

먼 길 달려서 힘든 것보다는 안개를 만나면 보이지 않는 나의 길 같아서 힘들었고, 안개가 걷히면 마치 사라져 가는 '여름날의 꿈' 같아서 더 가슴이 미어지곤 했다. 삶의 계획이란 것이 무색하게 의도한 일정은 지켜지지 않았고, 그 자리는 '불확실성'이라는 또 다른 일정들이 차지했다. 안개 너머의 세상을 꿈꿔 왔으나 그것은 허망한 꿈같이 다가왔고 나날이 지쳐 가고 있었다. 몽롱함, 갈팡질팡, 사라지는 안개, 회색빛 풍경들, 움켜쥐고 분투했으나 맥없이 빠져나가는 안개 같은 희망들. 나는 그것을 이겨 내야만 했고 그조차 내 삶의 몫이었다. 버거웠던 그 시간들은 지났지만, 안개 속에서 흐린 기억들이 다시 실루엣처럼 다가왔다.

안개 속으로 숨고 싶던 시절, 그 속에서는 모두 보이지 않고 외로운 존재라는 것을 그때는 알지 못했다. 다행히도 나는 안개 속을 헤매긴 했으나 길을 잃지는 않았다. 쉼 없이 달리다 넘어져 잠시 멈추고 주위를 돌아보니 힘들어하던 것이 나만은 아니라는 것을 알았고, 주위에 내 이웃들이 있다는 것을 알게 되었을 때 안개는 서서히 사라져 갔다. 나만의 안개는 아니었고 누구나 서로 모르고 살 때 안개가 오는 것이었다. 분명 혼자인 것 같았는데 안개가 걷히면 보이는 것들이 있다는 것을, 햇살이 비치는 날에 안개가 사라진다는 것을 아는 나이가 되었다. 방황의 시간에 내 주변을 맴돌던 안개는 어쩌면 나를 감싸 주고 위로해 주기 위해 내려온 어떤 존재였는지도 모르겠다.

집으로 돌아가는 첫 기차를 타러 가는 길에 안개가 배웅했다. 짙은 안개 속에 차는 속도를 줄이며 숨을 고르고, 녀석은 내가 다가가는 거리만큼의 세상만 보여 주며 따라왔다. 역에 도착하면서 사람들이 많이 모이자 안개는 멀어져 갔다. 그러자 내 마음속 안개도 서서히 걷히고 기차는 천천히 구례역을 출발했다.

가로수, 나의 가로수

1. 가로수

  촉촉이 비가 내리는 아침이다. 창밖을 내다보니 우산을 받쳐 들고 지나가는 사람들이 보인다. 막 꽃망울을 터트리려던 벚꽃이 피기도 전에 질까 봐 걱정이다. 세게 내리지 않으니 어쩌면 더 맑고 환하게 활짝 피어날지도 모르겠다.

  아파트 정문에서부터 후문으로 이어진 가로수에도 드문드문 새싹들이 나오고 있다. 지난해 짧게 잘라 주었던 나뭇가지도 잘 자라고 있다. 이 비 그치면 초록의 시간이 당겨질 것 같다. 곧 초록의 빛깔로 채워지면 황량한 이 도시에도 다시 생기가 돌 것이다.

  계절의 바뀜을 알아차릴 새도 없이 일터와 집 사이를 정신없이 뛰어다니다가도 문득 가로수의 가지 끝에 붙은 새순을 바라보며 이제 긴 겨울이 끝나고 봄이 시작됨을 알게 되고, 새순이 가져온 봄소식과 함께 또 한 해의 작은 소망을 품어 보기도 하던 시절이 엊그제 같다. 또 까마득하게 먼 것같이 아득하기도 하다.

나는 밖이 잘 보이는 아파트 저층을 선호한다. 아파트 정원의 나무가 자라는 것을 지켜보는 것이 좋고, 오가는 사람들을 보면 창밖의 세상과 소통하는 것 같은 생각이 들어서 좋다.

지난가을 창문을 열고 맑은 공기를 마시며 작업하고 있던 날이다. 적당히 맑고 서늘한 바람이 들어와 기분 좋은 날이었는데 밖에서 소독차가 온 듯한 '윙' 소리가 계속 들렸다. 살며시 내다보니 인부가 톱으로 가로수 나뭇가지들을 짧게 자르고 있었다. 나무의 수간을 넓히기 위함이라고 해도 참 안타까웠다. 저러다가 나무 기둥만 남을 것 같았다. 가을도 저물어 갈 무렵이어서 아파트가 더 황량하고 쓸쓸해 보였다. 추운 겨울을 견디고 잘 자랄지도 걱정이 되었다.

다행히도 봄이 되자 잎눈이 나기 시작했다. 나무는 상처를 아물리고 조그만 눈을 뜨고 있다. 어려움을 견뎌 냈으니 나무는 서서히 하늘을 향해 다시 꿈을 펼치는 듯 가지를 조금씩 키워 가며 올해는 푸른 잎들을 더 많이 피워 낼 것이라고 생각했다.

가로수 나뭇가지를 짧게 가지 쳐 주어야 한다는 고정관념이 바뀐 것은 영국에서 본 가로수 때문이다. 그곳에서는 어디서나 나무들이 자연스럽게 자라고 있었고 가로수뿐만 아니라 우아한 정원에서도 나무들은 길게 가지를 휘날리며 마음껏 자유를 누리고 있었다. 몇백 년 동안 허물지 않고 보수하며 살고 있는 집과 자연스럽게 커 가는 나무들이 모두 우리나라에서는 볼 수 없는 풍경이었다.

우리나라보다 더 심한 곳도 있었다. 올해 겨울 이탈리아를 여행하던 중이었다. 길가에 길게 뻗은 가로수가 내 눈에 들어왔는데 특이하게도 아주 짧게 잘린 줄기에서 기형적으로 가지들이 비틀리며 뻗어 있었다. 일본의 분재 같기도 하고 포도나무 같은 모습으로 자른 것이 괴기하기까지 하였다. 나무들은 힘겨워 보였고 마음이 아플 지경이었다. 이곳은 또 왜 이렇게 나무를 짧게 자를까. 아마도 포도의 주산지라서 가로수들도 포도나무처럼 짧게 자르나 보다 추측할 뿐이었다. 자연스럽게 '가지를 뻗고 싶을 텐데······' 생각하며 자유를 갈망하는 사람처럼 감정 이입이 되었다.

영국이나 이탈리아 그리고 우리나라의 가로수, 아마 내가 본 것이 전부는 아닐 것이다. 그 모습들이 다양하게 곳곳마다 다를 것이다. 나라마다 특성이 있는 듯 보였지만 그 모습들에서는 무슨 이유가 있을 것이다. 중요한 것은 인간 중심에서만 나무를 바라보지 말았으면 하는 마음이다. 이런 마음이 세월이 가면서 자꾸 생긴다. 가로수를 보며 스치는 생각이 많은 날이다.

2. 나의 가로수

어린 시절, 언덕 위 나의 작은 집 문을 나서면 바로 도로로 이어졌다. 하얀 자갈을 깔아 잘 다져진 아름다운 길이었다. 그 길을 따라 삼십여

분 걸으면 읍내에 닿았고, 읍내에는 내가 다닌 초등학교, 여중, 여고가 모두 자리하고 있었다. 초등학교부터 고등학교 때까지 매일 일정한 이 길로 무려 12년간 걸어 다녔다.

걷는 그 길에 플라타너스 가로수가 집부터 학교까지 줄지어 서 있어 보기 드문 경관을 자아냈다. 아름드리 플라타너스는 심지어 학교 운동장 곳곳에까지 이어져 있었다. 조금은 먼 듯한 길이었지만 아마도 나는 이 길을 걸으며 더 튼튼해졌고 마음도 몸도 더 건강해졌을 거라는 생각은 지금도 변함이 없다. 유년 시절 그 가로수 길의 사계는 눈을 감아도 훤히 떠오른다.

오가는 길가에 커다란 플라타너스 가로수들은 계절마다 씩씩하게 잘 자랐다. 연초록 봄부터 잎이 나기 시작하고 여름이면 아름드리 플라타너스가 녹음을 드리우면 무성한 그늘이 되어 주었다. 반짝이던 푸른 그늘 사이로 매미 소리를 들으며 더운 여름을 건넜고 또 가을을 맞이했다. 가을이 가까워져 오면서 넓은 나뭇잎 사이로는 동그란 털방울처럼 무수히 많은 열매를 맺으면 잠깐씩 허리를 굽혀서 열매를 주워 관찰하기도 하고 여러 상상을 하기도 하며 걷다 보면 어느새 집, 어느새 학교였다. 가을이 깊어지면 바스락거리는 낙엽들이 나를 사색의 길로 인도해 주었다. 바람 서걱이던 날 넓적한 잎이 무언가에 건드려지며 바삭하고 부서지던 때는 나도 그 쓸쓸함에 비명을 지르며 같이 힘겨워하던 시절이었다. 눈 오는 겨울이면 가지마다 눈꽃을 피웠고 하얀 세상에 당당히 서 있던 나무들.

길가의 아름드리 플라타너스 가로수들은 사열대처럼 나를 언제나 호위하며 지켜 주었다. 옆에 같이 걸을 친구가 없어도 외롭지 않고, 그 길은 오래 걸어도 피곤치 않았다. 자율학습이 끝나고 집으로 돌아가는 어두운 하굣길에도 나무들이 있었다. 인적 드문 깜깜한 늦은 밤 누군가 보이거나 자동차가 지나갈 때는 무서워서 커다란 나무 뒤로 숨었다. 나무를 꼭 껴안고 얼굴을 대면 따뜻하게 전해지던 나무의 온기로 다시 용기 내어 집까지 걸었다. 달빛 훤하던 차가운 밤에도 나무들은 잠을 자지 않고 집에 가는 동안 나를 지켜 주는 듯했다. 길을 따라 줄지어 서 있던 나무들은 나의 든든한 친구이자 수호천사나 다름없었다. 먼 별빛보다는 가까이 있던 나무가 내겐 따스한 사랑이었다. 나의 겨울을 건널 때 친구가 되어 준 플라타너스 가로수가 오늘 아득히 간절히 그립다.

대학을 졸업하고 언젠가 고향 집에 갔을 때 그 길은 많이 변해 있었다. 옆으로 새 도로가 생기면서 사람들의 발길이 뜸해진 나의 플라타너스 가로수 길은 더 이상 주연 도로가 아니었다. 나무들은 왠지 기운이 없어 보였다. 몇 해가 지나자 수십 년간 뿌리박은 자리를 내주고 낯선 메타세쿼이아 나무가 심어져 있었다. 멀쩡한 가로수를 베어 내고 새로 자란 메타세쿼이아들이 힘겹게 적응하고 있었고 길은 새카만 아스팔트로 포장되었다. 길가의 집들도 주변의 모습들도 늙어 갔고 황량하게 변해 갔다. 믿을 수 없는 풍경이었다.

그때 무거운 책가방을 들고 조용히 앞만 보고 걷던 한 소녀를 나무들은 늘 보았을 것이다. 줄지어 선 나무들은 매일 지나는 그 소녀가 무슨 생각을 하는지 알았을 것이다. 그리고 그 소녀가 서울로 떠나고 오랫동안 모습이 보이지 않았을 때 아마 무척 궁금해했을지도 모른다. 조용히 말없이 응원해 주었던 그 소녀가 어디선가 항상 그리워하고 있다는 것을 나무들은 지나가는 바람에게 들었을지도 모른다. 그 플라타너스들은 만날 수 없지만 내 마음에 나무들은 기억 속에서 여전히 튼튼하게 잘 자라고 있다. 튼실했던 그 많던 열매 속의 씨앗은 어딘가에 많은 자손들을 퍼트리고 뿌리내리며 틀림없이 잘 살아갈 거라고 생각한다.

고향에 갈 때면 가끔 플라타너스 가로수가 서 있던 옛길을 찾아보곤 한다. 지금은 어디로 가 버린 그 길의 플라타너스 가로수는 마음 붙일 곳 없던 시절 나의 수호천사였다. 봄비가 내리고 새로운 기억들이 피어난다. 햇살이 어른거리고 새소리가 머물던 아름드리 플라타너스 가로수가 눈에 선하다. 오늘 자꾸 아낌없이 주던 나무가 생각나서 마음이 따뜻이 젖어 온다.

과수원집 그녀

 영양도 풍부하고 오래 저장할 수 있는 사과는 과일 중의 으뜸이라고 생각한다. 아삭하고 신선한 느낌이 좋다. 다이어트에도 좋고 장에도 좋다고 하는데 특히 면역력에 좋다고 하여 아플 적에 사과를 정말 많이 먹었다.

 얼마 전 마지막 단풍을 보러 백양사에 갔을 때였다. 구례에서 곡성을 지나 장성 쪽으로 차를 모는데, 구례는 감 특산지라서 온통 감 천지였고 섬진강 상류를 끼고 지나는 곡성도 감이 구례 못지않게 많았다. 백양사 가는 곳까지 과수원뿐 아니라 마을 곳곳으로 끝없이 감나무가 이어졌다. 길이 온통 주황색으로 환했다. 지난 추석 무렵에 여행했던 청송에서는 사과만 보였는데 이곳에서 사과는 보기가 어려웠다. 그런데 백양사를 들러 장성 메타세쿼이아 길을 갔다가 돌아오는 길에 사과 농장이 하나 보였다.

 아주머니가 사과 상자를 가득 쌓아 놓고 길가 농장 앞에서 팔고 있었다. 비가 추적거리며 조금씩 내리는데 사람들이 사과를 사려는지 얼마간 있었다. 차를 세웠다. 옆에는 잘생긴 청년이 돕고 있었는데 일손이

어설프고 농사를 지을 것 같지는 않은 고운 모습이었다. 아주머니는 먹어 보라고 사과를 깎아 주면서 옆에 청년은 아들이라고 하였다. 의사라고 하면서 어찌나 자랑스러워하던지. 부럽다고 그 병원이 어디냐면서 보기 어려운 풍경이며 훌륭한 아드님과 어머님이라고 칭찬을 아낌없이 했다. 그 마음은 사실이었다. 맛만 보려고 조금 사려 했지만, 비 오는 길에서 의사가 된 아들이 엄마의 일손을 도우려고 나와서 같이 사과를 팔고 있는 것에 감동스러워 사과를 박스째로 샀다.

집에서 먹어 보니 맛볼 때보다 더 달기도 하고 입 안에 사과의 풍미가 가득하다. 사과의 달콤한 맛에 그 어머니의 말로 표현할 수 없는 깊이가 담겨 있는 듯했다. 몇 상자 더 사는 건데 아쉽다. 아들을 의사로 만들기까지 얼마나 고생했으며 얼마나 흐뭇할까. 그 마음을 알 것 같았다. 내 친구도 두 아들을 의사와 약사로 키우는데 정말 애쓰고 힘들어하는 걸 보아서 더 이해가 갔다.

여고 시절 한 소녀가 있었다. 가냘픈 몸매에 말수가 적고 조금은 차가운 듯하였지만 눈웃음이 예쁜 소녀였다. 영어 선생님을 좋아해서 영어 교사가 되겠다던 친구였다. 그녀는 작은 얼굴 흰 피부에 사과처럼 발그레한 볼을 가지고 있었다. 나는 고3 때 그녀와 한 반이 되었고 같이 공부하면서 급격히 가까워졌다. 친구의 집은 학교에서 멀지 않은 곳에 있었고 우리 집 가기 전에 있었다.
부모님은 과수원을 했다. 그녀의 집으로 들어가려면 길가 양쪽 과수원을 한참이나 걸어 들어가야 했다. 사과나무에 사과들이 주렁주렁 달려 있는 것을 보면서 아름다운 그녀가 사과를 닮았다고 생각했다. 어머니 아버지 성격도 서글서글하셔서 나는 그 친구 집에 가는 것을 좋아했다.

밤새 친구 집에서 공부를 하면 친구 어머니께서 사과를 한 바가지씩 넣어 주셨는데 나는 그 사과 맛에 그녀 집에 가서 밤샘 공부하는 걸 좋아했다. 식구들은 공부 잘하는 친구가 와서 같이 공부한다고 좋아하셨다. 물론 그녀도 만만치 않게 열심히 공부 잘하는 친구였다. 많은 밤을 같이 공부한 그 친구는 공주에 있는 대학을 갔고 나는 인천에 있는 대학을 갔다.

먼저 발령이 났고 경기도에서 교편을 잡은 나는 그녀를 만나기가 쉽지 않았다. 그녀도 무슨 일인지 연락이 쉽지 않았고, 오래갈 것 같은 우정도 각자의 사정으로 소원해졌다. 한참 뒤 시골집에 갔더니 동네 사람들은 그녀의 이야기를 한마디씩 했다. 말에 의하면 그녀가 가정에 보탬이 되지 않고 너무 빨리 시집을 가 버렸다는 것이다. 삼 형제 중에 제일 명석한 그 친구였기에 기대가 컸는데 발령 나자마자 시집을 갔고 멀리 떠났다는 것이다. 남자 형제들은 대학도 포기하면서 공부 잘하는 동생에게 양보했고, 아빠 엄마는 제대로 생활하지도 못하면서 빚내어 대학을 보냈는데 너무하다는 것이다.

나는 그 친구의 속사정을 알지 못했다. 우리는 오직 대학을 가겠다는 생각뿐 서로의 자존심은 묻어 둔 채 그저 입시 이야기만 했던 것 같다.

우리가 사는 세상은 그때 맞잡은 두 손에 들어갈 수 있을 만큼 아주 작았고, 가려는 곳은 커다란 바다였기에 다른 것은 묻지 않았다. 말하지 않아도 다 아는 것같이 가깝다고 생각했다. 그때 더 많은 이야기들을 나눌 수도 있었을 텐데 좀 더 다가가지 못한 아쉬움이 생긴 것은 한참 뒤였다.

그 소녀가 가족의 곁을 정말 멀리 떠났는지, 그게 사실인지 아닌지도 알 수 없다. 아마도 우리가 그리고 내가 알지 못하는 사정이 있을 거라고 생각했다. 어쩌면 소문과 다를지도 모른다. 우리의 꿈을 이루기 위해 많은 밤을 같이 지새웠던 그 소녀, 길에서 만난 의사 청년을 보고 문득 떠오르는 그녀, 어떻게 지내는지 안부가 궁금하다.

나의 아파트

　부동산 매매 계약서에 도장을 찍었다. 계약은 쉽게 끝났다. 계약금을 받고 얼마 뒤에 중도금을 받았다. 잔금 날이 되어서 통장에 돈이 다 들어왔는지 확인하고 등기부 등본을 집주인 될 분에게 전해 주니 매매가 끝이 났다. 중개 수수료인 복비를 내면 부동산에서 다 알아서 해 주기 때문에 절차도 크게 어렵지 않다. 은행에 갈 필요 없이 즉석에서 인터넷 뱅킹으로 금융거래를 하기 때문에 참 쉽게 끝난다.

　나는 같은 집에서 17년째 살고 있다. 다시 들어오게 될 집주인이 돈이 부족한지 이 집에서 당분간 전세로 살아 달라고 해서 더 머물게 되었다. 하지만 얼마 있으면 이 집을 비워 주게 될 것이다. 이 아파트에 처음 들어왔을 때 다른 집에서 느끼지 못했던 아늑하고 포근한 점이 있었다. 새로 입주하는 집이어서 좋았고, 적당히 낮은 층이라서 좋았다(낮은 층을 선호한다). 창밖으로 보이는 정원 풍경이 참 근사했다. 애착이 많이 가는 나의 아파트에서 얼마 있으면 떠난다고 생각하니 모든 것들이 아쉽다. 여러 가지 생각이 겹쳐진다.

　큰아이가 막 돌이 되던 해 나의 첫 집을 장만했다. 직장 근처에 방 두

개가 있는 작은 아파트였다. 모든 것을 다 가진 것 같은 행복감과 자신감이 넘쳤다. 내게는 엄청 넓고도 큰 공간이었고 온통 내 세계였다. 하얀 식탁보를 마련했고 레이스가 달린 예쁜 커튼을 달았다. 둘째는 이곳에서 태어났다. 꼬물꼬물 나의 예쁜 아이들이 커 갔다. 매일 쓸고 닦고 언제까지나 살 곳일 것같이 정성 들여 가꾸었다.

몇 해 지나지 않아 집 가까운 곳에 신도시가 생겼다. 출근하려고 차를 타고 가다 보면 길옆으로 들판이 있었는데 그곳에 신도시가 들어섰다. 나는 높은 경쟁률을 뚫고 그곳에 당첨이 되었다. 바로 앞에는 넓은 중앙공원이 있었다. 시범단지에 위치한 아파트였다. 그곳에서 아이들을 키웠고 10여 년간 살았다.

그리고 신도시 바로 옆 새로운 택지지구인 이곳으로 이사를 와서 지금까지 살고 있다. 이곳에서 느끼는 포근함이 지금까지 한곳에 더 오래 머물게 하였는지 모른다. 없는 것 빼고 다 있는 편리한 생활과 편리한 교통도 좋았지만 가장 큰 이유는 아이들 교육에 별걱정을 하지 않아서였을지도 모른다. 학교도 학원도 이것저것 괜찮았다. 식구들도 나도 모두 만족했다. 직장도 가까웠다. 가까운 곳에는 호수공원도 있고 조그만 강이 도시를 감싸고 도는 시민의 강과 둘레길이 있어서 아늑하고 좋았다.

내가 정말 살고 싶어 하는 곳은 사실 이런 변화한 도시는 아니었다. 어릴 적 살던 곳처럼 산이 있었으면 좋겠다는 생각을 늘 했다. 봄이면 흐드러지게 핀 진달래꽃을 볼 수는 없어도 창밖으로 사계절 변화하는 풍경을 그리워했다.

 이젠 자연과 가까이할 수 있는 그런 집이었으면 좋겠다. 산을 끼고 둘레길이 있었으면 좋겠다. 길을 걷다가 운동할 운동기구가 몇 군데쯤은 있었으면 좋겠다. 그리고 병원이 너무 멀지 않았으면 좋겠다. 그림 작업을 집에서 하고 싶기 때문에 여유 있는 공간이 필요하다. 집은 너무 좁지 않았으면 좋겠다. 아참, 전시장이나 공연장이 너무 멀지 않아서 문화생활에 지장이 없으면 금상첨화겠다. 친구들과 너무 떨어지지 않았으면 좋겠다. 가까운 이웃에 살면 더 좋겠다.

 아이들 교육이 다 끝나면 내가 평소에 늘 가고 싶어 하던 그런 곳으로 가려고 늘 생각했다. 이제 나는 이곳을 떠나게 되었다.

 강남의 한 아파트는 견본 주택을 줄 서서 보는 데만 6시간 걸리고 당첨되면 로또나 다름없다고 한다. 순식간에 수많은 돈이 벌리는 것과 같으니 사람들이 관심을 가지지 않을 수가 없다. 이런 경제적인 관념을 버리지 못하고 살아야 하는 게 현실이긴 하다. 사람들에게 집이란 경제적으로 재산의 전부일 수도 있다. 사실 나도 아직 집이란 경제적인 자산의 한 부분이란 생각을 아주 떨쳐 버리지 못한다. 하지만 집이란 모든 걸 떠나서 그저 아늑한 집 그 자체, 하우스(House)가 아닌 스위트 홈(Sweet Home)이었으면 좋겠다.

 집 계약서에 도장을 찍고 나오면서 왠지 새로운 신세계를 찾을 것 같은 설렘이 있다. 그리고 오랫동안 지냈던 이곳이 내 생에서 가장 빛나고 힘이 충만한 에너지가 있었던 시절이었음을 깨달았다. 새로운 곳에 대한 기대와 떠나는 아쉬움이 함께하는 날이다.

이사를 앞두고

 이사를 앞두고 있다. 이것저것 짐들을 정리하다 보니 새록새록 추억 돋는 물건들도 나오고 버릴 것들도 엄청 많이 나온다. 젊은 시절을 같이 건너온 빛바랜 물건들, 추억 묻은 물품 등은 못 버리겠다. 나만의 것들은 직접 챙겨서 박스에 담아 놓기로 했다.

 오랫동안 간직해 왔던 젊은 시절 가계부, 나의 생활을 알 수 있는 모아 둔 여러 가지 상장들, 각종 자격증, 지나온 발자취의 앨범 등을 챙겼다. 많은 추억과 이야기들이 사라져 버릴까 봐 추억을 간직한 물건들을 상자에 담는다. 생각보다 많지 않고 가벼웠다.
 가계부를 챙겨서 박스에 넣으며 연도별로 한동안 열심히 정리해 놓은 것을 한 권 펼쳐 본다. 가계부 속에 지난 시간들이 고스란히 담겨 있다. 어떻게 수입이 들어왔고 어떤 것들을 샀는지 알겠다. 종이 월급 명세서를 보니 예전 공무원 월급이 참 적었고 또 물가가 많이 올랐네, 아이들 옷값이 예전에도 이렇게 비쌌네, 이것저것 여러 영수증도 많이 있다. 아련한 그리움과 추억들이 자리하고 있다. 그동안 안 버리길 잘했다. 나중에도 보아야겠다.

앨범도 챙겼다. 잠시 열어 본다. 눈망울 초롱초롱한 어린 나의 아이들이 있다. 서너 살쯤인가 바닷가에서 모래 놀이하는 장면의 두 딸아이의 사진이 눈에 들어온다. 서해안 바닷가에서의 사진이다. 서로 많이 가지려고 모래를 자기 앞으로 움켜잡는다. 욕심 많은 큰아이는 더 많이, 작은아이는 그 모습을 물끄러미 쳐다보고 있다. 사진 속에서도 읽어 낼 수 있는 일들이 많다. 젊은 시절의 내 모습도 있다. 교정을 거닐던 풋풋한 모습도 보인다. 수줍은 듯 엷은 미소도 보인다. 컴퓨터 하드에 꼭꼭 많이 쌓아 둔 요즘 사진들도 언젠가는 정리해야 될 텐데 차일피일 미루고 있다. 아마도 포토북으로 만들어야 할 것 같다. 사진들을 보니 그때 그 마음까지도 읽을 것 같다.

성적표와 상장들도 박스에 담으며 읽어 본다. 더 높이 날아갈 것 같던 시절의 꿈들이 고스란히 전해져 온다. 학교에서 받은 성적 우수상, 경찰서에서 받은 인권상, 각종 미술대회에서 받은 미술상, 대통령 표창장 등등. 많네. 자격증도 여럿 나온다. 제일 소중한 교원자격증. 이 자격증으로 나는 젊은 날을 건넜다. 그리고 워드 일급 자격증도 참 유용했다. 그 외 미술치료사 자격증 및 미술 관련 몇 개의 자격증이 나왔다. 고마운 것. 지나고 보니 내가 생활하는 데 소중한 것들이었다. 유연한 사고가 부족했을 뿐. 그때는 모든 것은 성적순이 아니라는 것을 모르고 있었다. 이것들을 보며 매번 최선을 다했고 열심히 살았다고 스스로 다독이고 나니 마음이 찡해졌다. 열심히 뜨겁게 살았던 날들의 결과물이라고 말하고 싶다.

어떤 일들은 이미 마음속에서 옅어져서 버리고 또 어떤 것들은 다시 생각하면서 지난 시간들을 떠올려 본다. 지금 소중하게 간직한 것들이 언젠가는 또 버려야 할 때가 올지도 모른다. 다시 어디론가 떠날 때는 더 버리고 정리하겠지만 나의 기억 속의 일들도 꼭 챙기고 싶은 기억만 챙기고 버려야 할 것들은 깨끗이 버리겠다.

가는 곳은 왠지 꽃냄새도 날 것만 같고 사람들도 더 친절할 것 같다. 묵은 짐들의 정리와 함께 새로운 곳에 대한 설렘과 긍정적인 생각들이 생긴다. 아름다운 것들만 남겨서 나의 남아 있는 날들이 더 맑고 아름답고 깨끗해지길.

냉파

아파트로 이사 올 때 전에 쓰던 냉장고를 가지고 왔다. 17년 전 입주한 이 아파트에는 이미 빌트인 김치냉장고가 하나 있었다. 가져온 작은 냉장고 하나가 보태져서 충분했다.

바쁜 직장 생활에다가 살림에 관한 솜씨라곤 시간이 지나도 좀체 늘지 않아서 야채나 몇 가지 음식들을 넣어 두어도 제대로 활용하지 못했다. 냉장고가 그리 필요한 줄 모르고 살았다. 그런데 지난번 몹시 아팠을 때 동생이 김치냉장고는 꼭 하나 있어야 한다며 권했다. 쌀을 넣어 두어도 좋고 고춧가루도 넣어 두고 위 칸은 냉동실로 작동시켜서 이것저것 넣어 두라며 적극적으로 권했다. 찬찬히 설명해 주었는데 정말 이것 하나 더 있으면 굉장히 건강해질 것 같아서 그 말을 믿고 동생이 추천해 주는 기능도 좋고 디자인도 맘에 드는 D사 제품을 샀다. 그리고 얼마 전 냉장고 하나를 다시 샀다. 부엌에 놓은 냉장고 문 여닫이가 잘 작동되지 않아 고쳐 쓰려 했더니 욕심 많은 남편이 굳이 자리 차지하는 커다란 녀석을 새로 들여놓았다. 더 늘어나고 더 넓어진 냉장고 안에는 도대체 무엇들을 넣을지 채워질 것 같지가 않았다.

시간이 가면서 그럭저럭 조금씩 채워졌다. 말린 나물부터 고춧가루, 김치, 과일, 육류까지 등등 이래저래 꽉 차게 되었다. 그런데 시간이 가니 채워서 좋은 것이 아니라 답답해졌다. 저 창고가 무엇일까! 왠지 욕심 덩어리 같은 냉장고를 비우고 싶은 생각이 들었다.

비우기로 했다. 생각은 하고 있었지만 시작하지 못하고 있던 차에 이사 계획이 잡혔다. 냉장고 재료로 한 달을 살았느니 일주일을 살았느니 하는 말들을 카페에서 들었는데 나도 실행에 옮기기로 했다. 요즘 흔히 말하는 냉파('냉장고 파먹기'를 줄인 말로, 우리가 먹지 않고 오랫동안 냉장고에 보관해 둔 요리 재료들만으로 요리를 해 먹는 것을 뜻한다) 요리를 하기로 했다.

새로운 과제를 하나 푸는 듯 재미가 있다. 냉장고 여기저기를 살펴보면서 보물찾기하듯 재료들을 찾고 살핀다. 요놈들로 무엇을 만들면 좋을까 생각하면 창의력이 생겨나는 듯 즐겁다. 최소한의 재료만 사고 냉장고 여기저기 재료들로 음식을 만든다. 오늘은 카레를 해 먹기로 했다. 헐렁해진 냉장고를 열어 몇 가지 재료들을 꺼냈다. 당근도 꺼내고 양파도 꺼내고 감자도 꺼냈다. 냉동실 한쪽에서 찾은 돼지고기도 꺼냈다. 재료의 조합이 맞춰져서 카레 만들기엔 충분하다.

문을 열어 보니 몇 가지 없다. 많이 가지려 하지 않고 많이 채우려 욕심부리지 않고 채울 수 있는 공간을 만들면서 살아보자고 생각하며 냉장고를 다시 열어 본다. 많이 비웠다. 여닫이문 쪽에 음료 몇 가지. 냉다. 나는 이 테이블을 데려와서 베란다 창가에 놓았다. 흰 천에 붉은 체리 모양의 무늬가 아름답게 수놓인 테이블보를 깔기도 하고, 겨울이면 두껍고 짙은 앤티크 향이 묻어나는 테이블보를 깔았다. 의자 세트와 잘 어울려서 제법 인테리어 효과까지 있었다. 책을 읽기도 하고 우두커니 창밖 풍경을 보기도 하고 때로는 컴퓨터 작업을 했다. 그런데 언제부터인가 나는 이 녀석과 서서히 멀어지게 되었는데 건강을 크게 잃었던 적이 있던 몇 해 전부터였을 것이다. 이 녀석의 매끄러운 다리에서 올라오는 차가운 냉기 때문이었다. 그리고 그것은 치명적인 결격사유가 되었다.

　탁한 공기를 피해 도심에서 조금 떨어진 산이 보이는 곳으로 가는데 그곳엔 도저히 못 데리고 가겠다는 생각이 들었다. 안타까운 마음에 누군가가 데려갔으면 하는 생각으로 테이블과 의자를 여기저기 정성 들여 잘 닦았다. 혹시 새로운 주인이 나타날까 기대하며 재활용하는 날 다른 물건들 옆에 살며시 내놓았다. 그리고 베란다에서 연신 밖을 내다보았다. 내 바람대로 누군가가 금세 데려갔다. 안 가져가면 동사무소에 가서 스티커를 사다가 붙이는 수밖에 없었는데 다행이다. 녀석은 새 주인을 만났고 설레는 마음으로 서로 잘 지낼 것 같은 생각이 든다.

　나는 밖에 무엇인가를 갖다 놓을 때는 다시 쓸 수 있는 것은 깨끗이 정리해서 내놓는다. 필요하면 다시 가져다가 쓸 수 있게 말이다. 못 쓰게 되어 갖다 놓는 게 아니라 쓸 일이 적어져서 갖다 놓는 경우가 많기 때문에 누군가는 또 필요로 할 거라는 생각을 한다. 대부분 내 생각은 적중했다.

나도 플라스틱 서랍장, 작은 나무상자 등 몇 가지는 그렇게 갖다가 썼다.

2. 그리고

　나와 새로운 친구가 될 책상은 따뜻한 온기가 있는 녀석이었으면 하고 생각한다. 겉멋보다 따뜻한 마음을 가진 친구 같은 녀석을 데려올 것이다. 이사 날을 얼마 앞두고 인터넷을 뒤지고 근처 가구점을 둘러보기도 하면서 새로운 꿈을 꾼다.
　숲의 향이 가득히 밴 나무 책상으로 데려올 것이다. 친근하고 향이 좋은 소나무 책상으로 할까? 몸에 좋고 으뜸으로 여기는 편백나무 책상으로 할까? 모양은 덜해도 순한 직사각형 모양의 책상과 의자를 갖고 싶다. 의자에 앉아 나무 책상에 팔을 올려놓고 창밖 먼 산을 보다가 엎드려 낮잠이 들어도 차갑게 나를 깨우지 않으며, 나무 향기 품고 따뜻하게 나를 감싸 줄 것 같은 그런 아이를 데려오고 싶다. 작은 스케치북을 꺼내서 꿈속 풍경을 그려 보기도 하고, 시집을 펼치면 가슴 가득 아름다운 글과 함께 향기로움까지 스며들어 행복에 젖어 볼 책상을 상상해 본다. 잠이 안 와 책상이 있는 작업실 문을 조용히 열고 들어간다. 그때 나무 향이 가득 번져 오는 책상이 나를 반기는 풍경을 그려 본다. 그 책상에서 나는 또 어떤 많은 일들을 할 수 있을까?

　모두를 끝까지 지켜 줄 수 없고 함께할 수 없다는 것이 안타깝다. 같이 있을 때 사랑하고 소중히 잘 대해야겠다. 모두를 사랑해!

텔레비전

 TV 리모컨을 누른다. 채널을 돌려 본다. 다양한 음식이 가득한 뷔페 같다. 산해진미가 가득하여 무얼 먹을지 고르기도 어렵다. 먹어 보면 정갈하게 차려 낸 한상차림의 음식이 그리워지고 먹을 게 별로 없다. 풍요 속의 빈곤이다. 그래도 잘 찾아보면 먹을 게 있다.

 TV를 오랜 시간 동안 집중해서 볼 시간의 여유가 생긴 것은 병원에 입원해 있을 때였다. 꼼짝없이 며칠씩 격리병실에 있으려면 할 수 있는 것이 별로 없었다. 혼자 있어도 책을 보거나 다른 집중하는 일을 할 수 없었다. 창밖을 멍하니 내다보거나 TV를 보거나 아니면 잠을 청하거나 했다. TV 시청은 단순한 패턴의 병원 생활에서 나의 유일한 여가 아닌 여가 생활이 되었고 어쩌다가 정을 붙이게 되었다.

 그때 먼저 눈에 들어온 것은 건강 프로그램이었다. 어느 음식이 어떤 병을 예방한다거나 하면 집중해서 보았다. 음식 만드는 법도 흥미 있게 보았다. 보고 배워서 퇴원 후에 잘 활용해서 건강해지려고 열심히 보았다. 방송인들이 나오는 토크쇼는 참 솔직했다. 저래도 되나 싶게 직설적이다. 연예인들도 다 사는 게 비슷하다는 생각을 하면서 나름의 위로를 받기도 했다.

　나는 병실에 있을 때 냄비 세트도 사고 신발도 샀다. 홈쇼핑에서는 호스트가 열심히 상품을 알리고 있었다. 너무나 좋은 물건이 곧 매진될 것 같은 생각과 좋은 상품을 좋은 가격에 사게 될 거라는 확신에 찬 믿음이 반짝하고 들었다. 그때 산 냄비 세트는 그럭저럭 썼지만, 신발은 도저히 신을 수 없을 정도로 심한 냄새가 나고 촉감이 안 좋아서 반품을 하고 말았다. 어쨌든 나는 지루한 입원 시간들을 TV를 보면서 지냈다.

　어릴 적 흑백 브라운관은 몇 개의 채널과 단순한 프로그램에도 우리를 TV 속으로 빠져들게 했다. 그 후 컬러 TV로 바뀌었을 때는 세상이 온통 흑백에서 컬러로 바뀌는 것 같았다. 나의 생활도 흐릿한 색에서 산뜻한 컬러로 바뀔 것 같은 생각이 들 정도였다. 늦은 시간에 보던 주말의 명화는 일주일을 설렘으로 가득하게 하였고, 좋아하는 드라마에는 마치 내가 주인공이나 된 것처럼 혼동하면서 빠질 때가 있었다. 텔레비전은 참 매력적이고 마법 같은 상자임이 틀림없다.

　집에는 20여 년 구매했던 TV가 아직도 거실에 건재하고 있다. 이젠 신형 TV를 갖고 싶다. 첨단 디지털시대에 더욱 스마트하게 진화하고 있는 텔레비전의 모습을 체험해 보고 싶다. 새로 나온 TV를 보니 스스로 알아듣는 음성인식, 동작인식, 시선추적 인식, 실제 이미지에 3D 가상이미지를 입힌 증강현실. 고화질까지 영화 속 상상이 현실이 되어 있는 것 같다. 가장 해 보고 싶은 것은 TV를 보지 않을 때도 뉴스·날씨 등 생활 정보와 그림·사진·음악 등 콘텐츠를 즐길 수 있는 '매직 스크린'을 이용해 보는 것이다. 인공지능 기반 음성인식 플랫폼 빅스비(Bixby)를 새롭게 적용한 것으로 선택하고, 주위 환경과 콘텐츠, 기기 간 연결에 구애받지 않고 '인텔리전트 디스플레이(Intelligent Display)'가 되는 녀석으로 들여놓고 싶다.

깜짝 놀랄 네모난 세계가 나의 집에 들어올 것을 상상해 본다. 바보상자가 아닌 나의 친구(너무 깊이 빠지지 않는), 너무 빠지지 않고 올바르게 본다면 TV는 분명 좋은 친구라고 생각한다.

'세상에서 가장 큰 용기는 텔레비전을 끄는 것이다.' 어디선가 본 이 문구를 생각하며 나도 모르게 리모컨을 집어 들었다.

길치

초록 세상으로 바뀌어 가는 5월의 첫날이다. 부천에서 양평까지 가야 한다. 동문 회원 네 명이서 한 달간 초대전을 하게 되어 작품을 싣고 가야 한다. 드라이브한다는 기분으로 길을 나섰다. 중동IC를 올라가기 전부터 내비게이션은 외곽순환도로 남쪽으로 안내한다. 나는 그 말을 듣지 않고 오른쪽으로 가서 북쪽 방향으로 운전대를 틀었다. 통행료가 비싸고 길은 멀어도 시원하게 뚫린 편한 길로 가기로 마음먹었기 때문이다. 내비게이션은 자꾸 새로운 정보를 찾고 있다. 주인님이 반대로 차를 몰고 가니 답답할 것이다. 하지만 이내 포기하고 목표점을 찾아 다시 안내하기 시작한다. 그동안 잘 달렸는데 목적지를 얼마 앞두고 조금 일찍 우회전을 해서 빠지는 바람에 올림픽대로로 들어갔다. 한참을 더 가서 유턴하고 10킬로 이상 더 달려서 가까스로 다시 길을 찾았다. 심호흡을 하고 구불거리는 시골길을 다시 달려 드디어 도착했다. 미리 집을 나와서 겨우 약속 시간 안에 도착하였다.

나는 길치이며 길 지진아다. 운전한 지 벌써 30년이 되는데 아직도 길을 나서기가 두렵다. 내비게이션이 있어도 자주 길을 잃는다. 조금 일찍 우회전을 하거나 한발 늦어서 더 가거나 한다. 언제 길을 잃을지 모른다. 몇 킬로 안 되는 자주 다니는 가까운 길도 가던 길로 안 가면 영락없이 길을 잃는다. 늘 다니던 곳도 주변을 뱅뱅 돌다가 다시 집으로 돌아온 적도 있다. 차를 몰 때뿐 아니라 걷거나 버스를 타도 마찬가지다. 처음 서울에 올라왔던 시절에는 버스를 타고 반대 방향으로 간 적도 몇 번 있다. 넓은 지하 공간도 마찬가지이다. 지하도에 들어가면 마치 두더지처럼 나왔다가 다시 들어가고, 다시 다른 밖으로 나왔다가 들어가기 일쑤이다.

 방향 감각은 경험으로 길러지는 것이 아니라 선천적인 요인이 우선한다고 한다. 또한 인간의 뇌 중에서 내비게이션 영역이라는 곳에 위치한 나침반 뇌세포가 제대로 작동하지 않으면 길 찾는 데에 어려움을 겪는 것으로 나타났다고 한다. 모 프로그램을 보다가 천재 소녀로 알려진 아이큐 210의 윤 박사도 길치라는 데 놀랐다. 카이스트 다닐 때 이야기인데 졸업할 때까지 강의실을 못 찾아서 지도로 그려 다녔다고 하니 길치 천재라고 불러도 되겠다고 생각했다. 천재들도 이런다니 길치라고 해서 무언가 큰 결함이라고 생각하지 않아도 될 것 같다.

 나 자신을 잃을 때가 있다. 도로 위의 길은 바로잡으면서 목적지를 갈 수 있으므로 크게 걱정이 되지 않는다. 더 무서운 것은 인생길 위의 길치라고 생각한다. 내일 일은 사실 아무도 모른다. 예측할 뿐이다. 나름 나는 내 마음의 지도를 갖고 있었다고 생각했다. 미리미리 목표를 정해 놓고 일을 시작했고 열심히 그곳을 향해 잘 가고 있다고 믿었다. 책이든 스승이든 지인이든 나름 인생 길잡이가 되어줄 내비게이션을 잘 읽었다고 여겼다. 하지만 야맹증처럼 앞을 알 수 없는 깜깜한 날들이 갑자기 왔고 더듬거리며 눈을 크게 떠 봤지만 한 치 앞도 보이지 않던 시절이 있었다. 어느 때는 한순간의 잘못된 선택으로 늪에 빠지고 우울에 걸리고 아프기도 했다. 오랫동안 힘들어 허우적거리기도 했다. 아직 가야 할 길 위에서 나의 목표를 향해 가고 있다가 정신을 차려 보면 너무나 엉뚱한 곳으로 와 버린 날들이 얼마나 많은지…….

어디로 가야 할지 아직도 낯설 때가 많다. 그럼에도 불구하고 나는 지금 여기까지 잘 왔다. 그리고 아직 새롭게 가야 할 길 위에 서 있다. 이젠 길을 잃는 것이 두렵지 않다. 다시 길을 잃을 땐 목표를 수정하기도 하고 낯선 곳을 탐색하고 즐겨 보겠다는 여유가 생겼다. 내비게이션 같은 또는 지도 같은 친구와 이웃, 그리고 책들과 함께하면서 서두르지 않고 천천히 가 볼 것이다.

> 인생이란…… 기다림.
> 리허설을 생략한 공연.
> 사이즈 없는 몸.
> 사고가 거세된 머리.
> 내가 연기하고 있는 이 배역이 어떤 것인지는 나도 잘 모른다.**

5월이고 하늘은 맑고 밖은 온통 푸르다. 오늘은 길을 나서기 딱 좋은 날씨다.

** 비스와바 쉼보르스카, 《끝과 시작》, 문학과 지성사, 2016.

언어와 침묵 사이

나무들은 침묵의 언어로 말하고 있다. 변화하는 나무는 봄을 알리고 있다. 줄기가, 꽃이, 잎이, 창으로 왈칵 밀려오는 꽃향기로……. 간절히 기다려 온 봄날의 일기를 쓴다.

겨울에 시작된 코로나19의 소리 없는 전쟁으로 침묵의 긴 시간을 건너고 있다. 마스크를 써야 하고, 서로 거리를 두어야 하고, 대화를 자제해야 하는 요즘 말할 기회가 줄어들고 있다. 나를 표현하기가 쉽지 않다. 어쩌면 온종일 말없이 지낼 수도 있을 것 같다. 코로나19는 너무나 짧은 시간에 정말 많은 것의 변화를 가져온 듯하다. 생각을 표현하는 것의 한계가 온 것이 아닐까? 어쩌면 우리가 상상하지 못했던 비대면 사회로 이미 진입했는지도 모르겠다. 그리하여 소극적인 사람들의 시간이 왔다.

말이 아닌 다른 방법으로 자신을 보여 줄 수 있는 방법은 더 강렬하다는 생각이 든다. 동물이, 식물이, 아니면 우리들이 언어 대신 보여 줄 방법은 더 간절하고 강해야만 상대가 알 수 있기 때문일 것이다. 말로 표현할 수 없을 때 침묵보다 강렬한 것 중에, 침묵과 언어 사이에 그림이 있다고 한다. 지금이 바로 그 말에 강한 동의를 표할 때인 것 같다.

　잠시 걸음을 멈춘 듯한 시간 속으로 가서 실체를 볼 수 있는 그림이 나는 좋다. 그림도 자연과 같이, 같은 모습이라도 시시각각 다르고, 보는 이에 따라서도 다르게 느낄 수밖에 없다. 질주하는 현대 속에 그림들도 무한 변신하고 있지만, 감성적인 작품이 나는 좋다. 말로 표현하지 못할 때 나는 나를 표현하기 위해 그림을 그려 왔는지도 모른다. 어쩌면 이 침묵의 시간이 내겐 나의 언어에 더 몰두할 수 있는 시간인지도 모른다.

　세련된 모더니즘을 표방한 작품보다는 자연 그대로가 좋다. 나는 그 작업을 계속하고 있다. 그림을 통해 그 시간 속 나의 감성을 전달하려 한다. 찌꺼기를 걷어 내고 이물질을 걷어 내고 투명하고 아름답게 표현하고자 한다. 그러다 보면 세상은 어느새 아름답게 변하고 아름답게 만들고 나는 그 꿈속으로 간다.

　삭막한 도시에서 꽃 한 송이 나무 한 그루를 발견하고는 자연을 갈망하면서 붓을 들다 보면 나 자신이 먼저 그림에 빠지게 된다. 말로 다 표현하지 못한 여러 가지 내용들을 그림에 표현하면서 모두가 행복해지기를 주문을 걸어 그림을 그리다 보면 어느새 고립된 나 자신을 치유한다. 내가 그리는 그림이 어떤 이에게는 집 안을 환하게 하고, 어떤 이에게는 치유의 그림이 될 수 있을 거라 생각하면서 행복한 주문을 건다. 그림을 그리면서 그림 속 시간을 소유하는 기쁨까지도 얻는다.

인간은 침묵하는 그림을 갈망한다. 그것은 말로 타락하기 이전의 낙원에 대한 기억이다.***

    창밖의 나무는 어떤 환경 속에서도 살아 내기 위해 열심히 자기 할 일에 최선을 다한다. 씩씩하게 자라는 저 나무들은 어떤 한순간도 게으름 피우지 않고 성실하게 성장을 위해 몸부림칠 것이다. 무성한 여름과 열매 맺는 아름다운 가을, 낙원에 대한 기억을 더듬어 본다. 붓을 들어 내면의 성장일기를 쓴다.

*** 막스 피카르트, 《인간과 말》, 봄날의책, 2013.

4장

고요한 시간

고요한 시간

음악이 없다. 아무런 소리도 들리지 않아야 비로소 많은 상상을 할 수 있다. 고요 속에 나의 세계를 담는다. 바람 소리까지 멀리하려고 잠시 문을 닫는다. 주위가 조용해지니 마음의 공간까지 넓고 편안하다. 나에게 온전히 집중된다.

음악 없이 소곤소곤…… 정적을 파는 카페가 있다고 한다. 조용하고 정적인 카페다. 이런 카페가 있다니 신기하기도 하고 신선하기도 하다.

대학 시절에는 음악다방이 유행이었다. 친구와 차를 마시러 들어가면 크게 울리는 음악 소리에 내 소리도 실려 같이 귀에 들어왔다. 우리는 더 바짝 다가앉아 큰 소리로 이야기해야만 들을 수 있었다. 그때는 즐겁게 어울려 왁자지껄하던 그게 즐거웠다.

한창 바빴던 시절에는 고요하게 지내본 적이 별로 없다. 항상 머릿속으로 생각하고 판단하고 일에 빠져서 헤어나지 못하고 무언가 하지 않으면 극도로 불안했다. 그때는 몰랐다. 학교에서 아이들을 가르칠 때는 참새처럼 조잘거리는 귀여운 아이들 때문에 하루가 금방 갔었다. 몇십

명이 되는 아이들과 하루 종일 시끌벅적했음에도 소란함을 몰랐다.

　시간이 흐른 후 어느 날 알아차렸다. 집에만 오면 소리 없이 지내는 나를 발견했고, 음소거를 하고 자막과 화면만 보며 TV를 보는 나를 볼 때도 있었다. 서서히 고요함 속으로 빠져드는 나를 발견하곤 놀라긴 했지만 나쁜 것만은 아닌 것 같다고 생각을 바꾸었다. 나도 모르게 아마도 소음 속에서 조금은 지쳐 있었는지도 모른다. 어쩌면 고요함은 자신을 돌아보고 키우는 시간이었는지도 모른다.

　코로나19로 인한 거리두기로 서로가 멀어진 지금 더욱 고요와 마주하게 된다. 갑작스레 다가온 팬데믹 상황에 사회적 거리두기가 계속되는 요즈음, 집에만 있으니 너무 고요가 길어진다. 원하지 않는 격리와 고요 속에 빠져서 어서 이 불편한 고요함에서 벗어나길 기다리고 있을 때 생각을 바꾼다. 이 고요가 계속된다면 소음보다도 더 힘들어지지 않을까 생각하면서 적적한 조화가 필요하다는 것을 깨닫게 되는 요즈음이다.

　온통 혼자인 것은 자칫 우울하게 만들 수 있으므로 가끔 숲속으로 간다. 백색 소음을 찾아 동산에 오른다. 다시 밖으로 나가 심호흡을 하고 맑은 공기를 마시면서 세상과의 소통 또한 얼마나 감사한지를 생각한다. 뒷동산에 오르면 새소리가 산 공간을 가득 채운다. 바람 소리, 나무가 흩날리는 숲 소리에 숲은 수런수런 분주하다.
　고요한 가운데 나를 키우는 시간으로 생각하며 오늘을 보내지만, 나

자신에게로 좀 더 가까이하는 계기로 삼자고 생각하지만, 너무 길지 않기를 바란다. 고요함이 길어질 때 소리를 찾는 걸 보면서 어느 한쪽으로 치우칠 수 없음을 알아간다.

소탐대실

　추석이 막 지난 구월은 가을도 여름도 어정쩡하다. 하지만 빛이 다르다. 그래도 가을이다. 떠나기로 했다. 남편은 전날부터 열심히 여행 목록을 작성하고 맛집을 찾았다. 충청도 권역 여행은 오랜만이라 기대를 했다. 특히 공주가 그 리스트에 있는 것을 보고 문득 지나간 시간이 떠올랐다.

　초등학교 6학년 때 수학여행지로 부여, 공주 권역으로 소풍을 갔다. 엄마는 돈이 없다고 수학여행을 보내 주지 않았고 나는 그날 집에서 하루 종일 울었다. 그런데 그날 하루 종일 비도 왔다. 친구들은 내게 조심스러워 그랬는지 소풍날에 대하여 별말을 안 했다. 나도 묻지 않았다. 그 후 가 보지 못한 곳에 대한 안타까움과 부러움으로 꼭 공주에 있는 대학을 가겠다는 열망을 가지기도 했다.

　세계의 유산, 백제 역사 유적지구 송산리 고분군인 백제의 능은 나지막한 산 중턱에 큰 언덕들이 이어진 것처럼 연결되어 있었다. 산인지 무덤인지 모르게 자연스럽다. 백제 25대 무령왕릉을 둘러보고 위쪽으로 천천히 걸었다. 위쪽까지 한 바퀴 둘러볼 생각이었다. 시내가 보이고 주변이 시야에 넓게 들어왔다. 주변 형세도 좋고, 날씨도 좋고, 걷기 딱 좋은 날씨였다. 건너편에 친구들과 동생이 다닌 대학도 보이는 것 같았다. 공주가 왠지 친근하고 마음에 든다.

단풍이 들기 전이라서 행락객들은 많지 않았다. 산 위에서 의자에 앉아 있는 두 사람을 만났다. 친구인 듯한 그녀들은 밤을 먹으면서 이야기를 나누고 있었다. 날씨가 좋다고 하면서 공주에 사시는 분이냐고 말을 걸었다. 공주가 맘에 들고 좋다고 하면서 맛집을 물었더니 친절하게 알려 주었다. 한옥마을이나 공산성 근처에 많이 몰려 있다고 한다. 그녀들은 우리 부부에게 밤을 드시겠냐고 물었다. 그렇지 않아도 공주에 밤이 유명해서 밤을 조금 사서 맛보려던 참이었다. 그분들은 밤을 한 움큼 주더니 다시 모자에서 더 꺼내어 주면서 자기들도 주운 거라고 했다. 그리고 저 뒤쪽으로 가면 금방 밤을 어느 정도 주울 거라고 알려 주었다.

그냥 내려가자는 남편의 말에도 그녀들이 알려 준 쪽으로 이탈했다. 산비탈에 밤나무가 몇 그루 있었고 자그마한 알밤들을 주울 수 있었다. 나도 모자를 벗어 놓고 그 안에 밤을 주워 넣었다. 선글라스까지 모자 안에 넣어 놓았다(모자는 2중이어서 두 개의 공간이 있었다). 한 십여 분 주웠을까? 저녁에 가서 한 번 삶아 먹을 수 있을 것 같았다.

밤을 넣은 모자를 안고 돌아오며 깜짝 놀랐다. 선글라스를 쓰려고 보니 없다. 잘 넣어 놓고 밤을 주웠는데 올라오다가 떨어졌나 보다. 다시 돌아가서 찾아보아도 찾을 수가 없었다. 비탈이었고 나뭇잎이 많아서였는지 몇 번을 살펴보아도 보이지 않았다. '아! 어떡하지?' "나 선글라스 잃어버린 것 같아." 다가온 남편은 대수롭지 않게 그냥 가자고 한다. "다음에 더 좋은 거로 내가 사 줄게." 하면서.

공산성에 들러서 아름다운 시내를 내려다보면서도, 맛있는 점심을 먹으면서도 선글라스 생각이 났다. 속리산 가기 전 청평호 인근 멋진 찻집에 들러서도 자꾸 선글라스가 생각났다. 남편이 밤 줍지 말고 내려가자고 했을 때 말 들을걸.

'소탐대실(小貪大失)', 오늘 내가 생각한 사자성어다. 진짜 중요한 게 뭔지 망각하고 나는 밤 몇 알 주우려고 딸이 사 준 선글라스를 잃어버렸다. 몇 해 전 영국에 살고 있는 딸과 스페인 바르셀로나에 갔을 때 딸이 여행 기념으로 사 준 레이벤 선글라스. 아깝다.
"자꾸 생각하는 게 바로 소탐대실이야."
'소탐'이 '대실'을 불러오는 어리석음을 경계하면서 살아야 하는데 어리석음을 다시 일깨워 준 공주 밤을 입에 넣으며 '소탐대실'을 또 생각한다. '소실'하더라도 '대탐'하면서 살고 싶은데 자꾸 실수한다. 보고 싶은 시선에 집중하지 않고 봐야 할 시선들을 놓치지 말 것, 내가 누구인지 왜 여기 있는지 다시 알아야 할 시간이다.

김지영

대학 졸업 후 발령이 나고 줄곧 직장 생활을 했다. 직장 생활을 하는 동안은 한낮의 햇볕 한번 제대로 쬐기 힘들게 바빴다. 당시 출산을 하면 한 달 휴가가 있었지만 큰딸을 낳고 20일 만에 출근했다. 친구들도 대부분 그러했고 지금도 바쁘게 산다.

세상은 조금 더 나은 방향으로 흘러가고 있을까? 세상은 조금 나아졌을지도 모르지만 92년생 김지영에게도 마찬가지일 거고, 02년생 김지영도 별반 다르지 않을 것이다.

산후 우울증에서 육아 우울증으로 이어진 김지영이 찾은 곳은 정신과였고 거기서 40대 의사를 만난다. 그가 말하는 부인의 이야기가 내겐 더 가슴 아프게 다가왔다. 대학 동기이자 자기보다 공부도 잘하고, 욕심도 많았던 안과 전문의인 아내가 교수를 포기하고 페이 닥터가 되었다가 결국 일을 그만두었다는 것이다. 대한민국에서 여자로, 특히 아이가 있는 여자로, 직장맘으로 산다는 것이 어떤 것인지 말해 준다.

인구 절벽이라느니, 아이를 사회가 같이 키워야 한다느니, 노인 인구를 부양하려면 젊은 인구가 더 많아야 하는데 인구소멸이라느니 하면서 대책들이 나오고 있다. 하지만 아직도 우리나라에서는 아내, 엄마, 며느리, 그리고 맞벌이가 늘면서 직장인까지 초슈퍼맘이 될 것을 요구받는다.

우리가 배워 왔던 정의와 공정이 결혼 후 완전히 달라졌을 때 절망하게 된다. 나를 힘들게 하고 앞이 보이지 않게 또 다른 세상이 존재하고 있을 때 다른 사람이 되어 버린다. 지영이가 다른 사람처럼 되어 버린 데는 공정의 문제에서 받은 충격 때문일 거라고 생각한다.

김지영은 목소리를 낼 수 있을 것 같고 다시 컴퓨터를 잡을 수 있을 것 같아서 다행이다. 하지만 김지영의 엄마는, 김지영의 엄마의 엄마는 어떻게 하지? 형제의 뒷바라지를 하느라 공부를 더 잘했으나 대학에 가지 못하고 꿈을 포기해야 했던 엄마. 이 땅의 모든 김지영의 엄마도 우리 곁에 있다. '82년생 김지영'보다 그녀의 엄마, 그리고 그 또래의 직장맘에게 시선이 더 쏠리는 것은 내가 그 시절을 걷었고 또 그 역할을 겪었기 때문일까.

지금이라도 이런 문제가 이슈화되고 사람들이 관심을 가져 주는 것에 대해 다행이라고 생각한다. 내 딸만은, 아니 내 손녀는, 나와 같은 일을 겪지 않을 수 있겠다는 생각이 드는 것은 그래도 내가 세상을 희망적으로 본다는 긍정적인 이야기겠지. 다행이다. 사회가 아주 조금씩은 좋은 방향으로 변화하고 있다고 생각한다. 더는 12년생 김지영, 22년생 김지영 같은 책들이 나오지 않도록 참 좋은 시절을 기다려 본다.

그리고 이 땅의 여자들, 엄마들에게 말하고 싶다. 잘하려고 애쓰지 마요. 우리는 이미 충분히 잘하고 있어요. 좋은 엄마, 좋은 며느리, 좋은 아내라는 이름으로 사회가 바라는 것은 현대사회가 만든 악법입니다.

동물 없는 동물원

며칠 동안 여행을 다녀왔더니 구름이(우리 집 강아지)가 엄청나게 반가워한다. 졸졸 따라다니며 감시를 한다. 이 녀석은 내가 자기 엄마인 줄 알고 있는 걸까? 오늘 꼼짝없이 온종일 구름이 옆에 붙어 있어야겠다.

인디언에 관한 책이나 이야기들을 좋아한다. 그들의 이야기를 들으면 마음이 따뜻해지면서 묘한 그리움과 애잔함이 묻어온다. 류시화가 옮긴 인디언 연설문집《나는 왜 너가 아니고 나인가》라는 책에서 보면 이런 구절이 나온다.

> 생명 가진 모든 것들을 존중할 때만이 그대들은 성장할 수 있다. 물과 공기와 흙과 나무와 숲, 식물과 동물들을 보호하라. 보존을 최우선으로 삼아야 한다. 위대한 정령은 우리에게 이 대지를 소유하라고 준 것이 아니라 잘 보살피라고 맡긴 것이다. 우리가 대지를 보살필 때 대지 또한 우리를 보살필 것이다. 서로 다른 것들이 평화롭게 공존할 수 있는 법을 배우게 되기를 우리는 기도드린다.****

지난여름까지만 하여도 나는 도심 한복판에 살고 있었다. 아파트

**** 시애틀 추장,《나는 왜 너가 아니고 나인가(인디언 연설문집)》, 더숲, 2017.

만 나서면 걸어서 모든 것들을 만날 수 있었다. 전철역, 학교, 은행, 공원…… 없는 것 빼곤 모두 모여 있었다. 늘 분주하고 사람들은 복작거렸다. 저녁을 먹고 심심하면 가까운 쇼핑센터에 걸어 나가 쇼핑을 하거나 한 바퀴 돌기도 했다. 그러다가 세일 품목으로 괜찮은 것이 있으면 가져오기도 하고 지나다니는 사람들과 길거리 풍경을 보러 나가기도 했다.

그날도 그런 이유였을 것이다. 4층쯤이었을까. 한 바퀴 돌고 있는데 가축 냄새가 났다. 번화한 도시 한복판 쇼핑센터에 이런 냄새가? 코가 예민한 나는 어디인지 알아내려고 감각을 열었다. 그리고 곧 알게 되었다. 주파크(zoo park)가 그곳에 생겼다는 것을. 도심 한복판에 주파크라니! 입구 가까이 다가가자 새들의 울음소리와 동물들의 소리가 났다. 그것은 노랫소리가 아니었다. 몇몇 젊은 엄마들이 어린아이의 손을 잡고 들어가고 있었다.

동물원이라는 것 자체가 원래 제국주의 시대에 다른 나라를 점령하고 거기에 있는 이색동물들을 데려다가 전시한 것에서부터 시작되었다고 한다. 지금 현재도 호기심 충족의 수준이지 반드시 살아 있는 동물을 가지고 교육을 하는 것이 교육에 효과가 있다고 볼 수는 없다는 것이다. 오히려 생명을 쉽게 착취하는 것에 대한 그런 문제 제기, 그런 문제점이 동심에 심어질 수 있다는 것, 이런 것이 오히려 더 비교육적이라고 보고 있다는 게 동물자유연대 대표의 말이다. 한마디로 동물원이 교육적인 효과가 있다고 생각하지는 않는다는 것이다.

오늘 신문을 보다가 깜짝 놀랐다. ICT(정보통신기술) 기술과 5G(5세대 이동통신)를 활용해 서울 올림픽공원과 여의도공원 등에 'AR(증강현실) 동물원'을 오픈했다는 것이다. AR 동물원에서는 레서판다나 웰시코기 등의 미니동물들과 함께 거대한 크기의 자이언트 캣, 비룡 등의 동물을 증강현실을 통해 만날 수 있다고 한다.

'동물 없는 동물원'이라니 다소 어폐가 있는 말 같지만, 현대의 과학기술과 그래픽이라면 충분히 가능한 일이라고 한다. 미국 뉴욕 타임스퀘어에도 물과 물고기가 없는 디지털 아쿠아리움 '내셔널 지오그래픽 인카운터'가 문을 열었다고 한다. 디지털 신기술로 완벽 구현된 이 아쿠아리움은 동물의 희생 없이도 인간과 동물을 상호 보완하는 원-원 시스템이 된 것이다.

온갖 야생동물을 만날 수 있지만 진짜 동물은 단 한 마리도 없는 동물원도 있다고 한다. 대신, 실제 크기의 동물 영상과 각 동물이 살고 있는 야생의 기후, 바람, 냄새까지 완벽히 재현한, 일본 요코하마의 '대자연 체감 뮤지엄'이다. 동물이 하나도 없는 이 동물원에서, 관람객들은 오히려 더 생생하게 자연을 만나고, 동물의 생태를 관찰한다고 한다.

그동안 우리는 어떤 편견에 의해 교육되어 온 건 아닌지······. 누가 누구를 우리 안에 가두는가. 누가 야만인인가. 고귀하거나 우호적이거나 야만적이거나 약탈자이거나 이런 것들은 우월하다고 생각하는 특정 인간들이 부여해 온 가치는 아닐까?

그 후 이사를 했고 가 보지 못하였으나 자꾸 그곳의 동물원이 마음에 걸린다. 아직도 그곳에 주파크가 운영되고 있는지는 모르겠다. 어디선가 작은 속삭임이 들리는 듯하다.

"생명이 있는 모든 것은 고귀하다."

연결이 되지 않습니다

　전화를 했는데 받지 않는다. 신호는 가는데 금방 끊어진다. 무슨 일이 일어난 게 틀림없다. 주말에 연락이 되지 않았다. 너무 힘든가 보다 했다. 밑반찬 몇 가지를 해서 늦은 저녁 남편과 오피스텔에 찾아갔더니 집에 없다. 급기야는 119에 신고를 했다. 소방서에서는 기다리라고 했지만 우리는 참을 수가 없었다. 어디 있는지 위치만이라도 알려 달라고 했다. 걸려 온 답변은 국내가 아니란다. 상상할 수 없던 일에 우리는 그날 마음 졸이며 하얀 밤을 보냈다.

　큰딸이 직장에 막 입사했던 때 일이다. 후에 알고 보니 직장 일에 부딪히다가 바람 쐬러 외국으로 나간 것이었다. 만약 그때 연결만 되었어도 우리는 평온한 밤을 맞이했을 것이고 다음 날 편하게 만났을 것이다.

　어릴 적 동네에 전화기 한 대로 온 마을 사람들이 받고 걸고 했던 때가 있었다. 우리는 그래도 불편한 줄 몰랐다. 학교 갔다 집에 돌아오면 아무도 없지만, 언제나 연결이 될 거라는 생각이 있었다. 건너편 밭에 가면 엄마가 있을 것이고 논에 가면 아버지를 만날 것이라는 생각을 했기에 안심했다.

요즘처럼 네트워크가 발달한 때도 없다. 만나지 않아도 우리는 서로 연결되어 있다고 생각한다. 우리는 안과 밖의 다양한 세상에서 살고 있다는 생각이 든다. 손안에 폰과 인터넷과 각종 연락처들이 즐비하다. 내가 어디 알려고 들면 금세 알아낸다. 또 다른 세상으로 우리는 이미 와 있는 것이다. 어떨 때는 여기가 안인지 밖인지 모른다는 생각이 들 때도 있다. 인터넷 연결이 안 되면 온통 세상이 뒤죽박죽이 될 때가 있다. 업무가 마비되고 생활이 멈춘다. 혼란에 빠진다. 이제 와이파이가 터지지 않는 세상은 불안하다.

얼마 전 한 친구가 말했다. 연락을 아무리 해도 받지 않고, 메시지를 보내도 읽지 않는다고……. 나도 나중에 알았다. 그것은 상대방이 차단을 해 놓았기 때문에 아무리 연락해도 되지 않는다는 것을. 얼마나 안 좋았길래 차단까지 해 놓았을까. 모르고 있던 어떤 일들이, 우리가 알지 못하는 깊이의 상처가 있었을까? 나에게도 예외는 아니다. 대부분 서서히 멀어진 사람들이다. 연결이 어려운 친구들 생각이 난다. 세월이 지나서 소원한 사이가 되어 버린 우리들은 각자 어떤 마음일까. 변했거나 변하지 않거나 가끔은 지나간 그날의 일들을 나처럼 기억할 것 같다. 끊어진 인연과 멀어진 인연들이 사람과 사람 사이에 지나간다. 자연스레 모든 인연들이 달라지고 바뀌어 간다.

가끔 궁금하고 그리운 사람들이 있다. 만나고 싶은 이웃들도 비대면 사회로 가는 길목이어서 그런가 언제 연락을 해야 좋을지 모를 때가 있다. 그러다가 하루 이틀 가고 시간이 간다. 전화를 걸어 볼까 생각하다가도 지금쯤 직장일 텐데, 아니면 너무 늦은 밤인데, 아니 주말인데 하며 미루다가 이미 너무 와 버린 사람들이 있다. 안타까운 시간들 속에서 어떤 사정에 의해서 뜸했던 친구들, 이웃들이 그리운 날이다. 전화 몇 통 돌려야 될 것 같은 바람 서늘한 날이다.

그만 헤어지자

누군가가 살던 집에 이사를 간 것은 30년 만에 처음이다. 바삐 살았던 집주인의 티가 그대로 났다. 입주 도우미의 청소가 끝나고 이사를 했지만 일은 끝이 나지 않았다. 이곳저곳 청소도 더 해야 했고 여기저기 제자리에 정돈하는 것도 쉽지 않았다. 커튼은 길이가 짧아서 수선집에 가서 20센티나 늘려야 했다. 가구도 더 사야 했고 들여놓을 물건도 몇 개 새로 생겼다. 행정복지센터에 가서 전입신고도 해야 했고 은행 계좌며 그 밖에 주소도 다시 옮겨야 했다.

끝내 감기몸살이 났다. 목이 아프고 머리도 아프다. 밤새 기침이 멎지를 않고 입맛이 없다. 푹 쉬었으나 일주일이 지나도 차도가 없다. 병원에 갔더니 목이 부었다며 일주일 치 약을 처방해 주면서 음식도 잘 먹어야 빨리 낫는다고 했다.

언니한테서 전화가 왔다. 내 목소리를 듣더니 깜짝 놀라서 전복죽을 쑤고 묵은지 김치찜을 해 왔다. 마른반찬도 여러 가지 만들어 왔다. 뚝딱 하면 금이나 은이 나오는 동화 속 도깨비처럼 언니는 어려워하지도 않는다. 부럽다.

감기는 특별한 치료 없이도 저절로 치유된다 하는데 시간이 지나도 낫지를 않는다. 벌써 2주도 넘었다. 나을 듯 말 듯 하며 낫지를 않는다. 어제는 좀 기침도 멎고 컨디션도 괜찮아서 이제 이 녀석이 완전히 물러간 것이 아닌가 했는데 밤에 기침을 가슴까지 밀어내고 있다. 기침은 왜 밤에 더 커지는가. 아니 어둠이 오면 아픈 곳은 더 아프고 약한 곳은 더 커지는지 모르겠다. 10여 년 만에 찾아온 감기가 기분 나쁠 정도로 나에게서 떠나질 않는다.

감기야 제발!
이제 우리 그만 헤어지자.

아내가 있었으면

먹고 싶은 음식을 먹을 수 있다는 것은 복이다. 입맛이 없을 때 누군가 뚝딱 만들어 주면 정말 행복할 것 같다. 대학 졸업 후 바로 직장 생활을 했던 나는 음식 만들기가 직장 생활이나 공부보다 어렵다.

TV에 잘 알려진 배우가 나와서 반찬을 만든다. 보면 쉽고 금세 따라 할 것 같은 그런 음식들이다. 지난번에는 어묵 볶음을 하던데 그게 그렇게 맛있어 보였다. 채널을 돌리다 보니 오늘 또 그 프로가 방영된다. 오늘은 연근조림, 간장 감자조림, 고추장찌개를 한다. 연기도 잘하는 배우가 음식도 잘한다.

청라에 사는 정미 씨는 얼굴도 예쁘고 성격도 좋은데 음식도 잘한다. 손에 물 한 방울 묻힐 거 같지 않은데 살림 구단이다. 그녀의 집에는 잘 꾸며 놓은 화려한 집안 분위기도 뛰어나지만 몸에 좋다는 것들이 많이 있다. 그녀가 담은 효소와 김치 등등 많은 것을 가끔씩 가져온다. 과일과 야채를 먹을 사람이 없다며 언제나 풍성하게 건네준다. 오늘 강화에 있는 그녀의 텃밭에서 가져온 취나물로 만든 장아찌를 꺼내 보아야겠다.

신혼 초에 음식을 만들어 놓아도 남편이 잘 먹지를 않았다. 늦게 들어오기도 하고 밥을 자주 먹고 들어왔다. 요즘 생각한 건데 참 입맛이 안 맞았던 것 같다. 어린 시절 바다 가까운 곳에 살았던 나는 해물을 좋아하고 아버지를 닮아 맑은 국물의 슴슴한 음식을 좋아한다. 나랑은 체질이 영 반대인 그는 청양고추가 들어간, 걸쭉하고 매운 찌개 같은 자극적인 것을 좋아한다. 지금은 내가 만든 음식이 몸에 좋은 거라며 잘 먹긴 하지만 식성이 크게 달라진 것 같지는 않다. 배려하는지 아니면 사실인지 모르지만 음식을 만드는 것은 여전히 어렵다.

미국 잡지 〈미즈〉는 여성 관련 이슈와 사회적 발언을 하는 잡지였는데 도발적이고 파격적인 표지가 창간호부터 이슈가 되었다고 한다. 인도의 여신처럼 팔이 여덟 개 달린 주부 모습의 그림을 넣었고, 여덟 개의 손은 각기 다른 물건을 잡고 있었는데 다리미, 달걀 프라이를 하는 프라이팬, 거울, 자동차 핸들, 빗자루, 타자기, 시계, 전화기였다. 그림을 그린 작가는 그 잡지에 '왜 나는 아내가 필요한가?'라는 글을 기고했다고 한다.

그 내용을 간단히 언급하면, 아이들을 잘 키우고, 공부도 잘 시키며, 아프면 병원에 데려가는 아내. 돈도 벌어 양육비를 대고 남편이 지쳐 집에 오면 자신을 위로해 주고, 온갖 집안일을 다 하며, 손님 대접도 멋지게 해내는 그런 아내를 원한다는 내용이었다.

참 기가 막히는 이야기이지만 나에게 한 가지만 요구하라면 음식 잘하는 아내면 충분하다.

나는 많은 것을 요구하지 않는다. 다음에 남자로 태어나서 꼭 이런 아내를 찾아봐야겠다. 남자가 안 되면 음식 잘하는 남편을 찾아보겠다. 상상은 자유에 맡기고 나는 언니가 해다 준 반찬을 먹으면서 한동안 행복해할 것이다.

카페인, 잠 못 드는 밤

 쌉쌀하고 깊은 향의 커피가 좋다. 친구를 만나 수다를 늘어놓거나, 집중해서 하고 싶은 일이 있거나 분위기에 맞출 때 커피를 마신다. 악마의 유혹 같은, 참을 수 없는 커피의 유혹에 빠진다. 커피의 달콤한 유혹에 기꺼이 넘어간다.

 잠이 안 온다. 낮에 친구들 만나 커피를 마셨더니 밤새 정신이 말똥말똥하여 누웠다가 일어나 TV를 보기도 하고 유튜브를 보다가 컴퓨터를 켰다가 어두운 창밖을 내다보기도 하다가 다시 누워서 빗소리를 듣기도 하며 밤을 지새운다. 언제부터인가 카페인이 들어간 커피를 마시면 잠을 쉽게 청하지 못한다. 그렇다고 커피를 많이 좋아하는 것은 아니고 자주 마시는 것도 아니다. 아무래도 요즘 새로 재미 들린 정리를 하면서 밤을 보내야 할 것 같다.

 잠이 안 올 때 재미있게 할 수 있는 일들이 있다. 새로 취미처럼 생긴 일이다. 바로 정리다. 어딘가 떠나기 전 깔끔하게 정리하고 싶은 생각이 생긴다. 아마도 몇 해 전 큰 수술 후에 생긴 버릇 같다. 옷이든 책이든 그릇이든 정리할 것은 많다. 다행히도 주말부부라서 강아지와 나 단둘

뿐이다. 이웃 들리지 않게 한밤이라도 조용히 움직이기만 하면 무엇이라도 눈치 보지 않고 할 수 있다.

우선 옷방으로 가서 여기저기 옷걸이를 둘러보기도 하고 안 입을 옷과 다시 입게 될 옷들을 살펴본다. 그러다가 철 지난 것들을 바꿔 걸기도 하고 정리할 것은 정리하면서 시간을 보낸다. 지나간 그 시간에 내가 그 옷을 입고 어디를 다녔는지 생각하기도 하고 이제는 나이가 더 들어 옷이 맞지 않으니 처리해야겠다는 생각을 하면서 몇 가지는 정리하기도 한다.

어느 날은 부엌에서 그릇을 정리하기도 한다. 그때 그 시간에 샀던 이유와 어느 날에 썼던 접시나 그릇들을 생각하면서 꿈꾸듯 스쳐 간 날들도 생각해 본다. 모든 것이 설레었던 그리운 시간들이 고스란히 전해져 오기도 한다.

어떤 날은 아직도 일 년도 넘었지만 이사 올 때 쌓아 둔 박스를 뒤늦게 꺼내어 들어 있는 것들을 살펴본다. 쌓아 둔 책을 꺼내 보기도 하고 다시 읽어 볼 책과 정리해서 처리할 도서로 구분하기도 한다. 지나간 읽었던 책들을 보면서 다시 한번 읽고 싶거나 꺼내 볼 것 같은 것, 소중한 경험이 있던 것을 한쪽에 정리하고 누군가 필요한 사람이 다시 생길 것 같은, 아이들 키울 때 참고했던 서적이나 가벼운 책들은 현관에다 내어 놓는다.

전에 사용하던 작업실을 정리할 때는 정말 많이 정리했는데 그 작은 작업실에서 어마어마하게 많은 것들이 나왔다. 커다란 이젤과 커다란 캔버스 그리고 액자들은 지인들에게 나눠 주었고 옷은 박스로 담아서 동생에게 보냈다. 거기서 쓰던 공기청정기, 전신 거울 등도 집을 매수한 지인에게 주고 나왔다. 지인들이 보내온, 또 전시했던 도록들도 연도별로 모아 왔었는데 아주 조금만 남기고 정리를 했다. 전시장이나 미술관에 가면 도록이나 관련 서적들을 많이 모았었다. 정리한 것들을 합하면 아마도 1톤 트럭 몇 대는 되었을 것이다.

 정리하면서 아쉽거나 슬프거나 하지 않고 시원하다는 생각이 든다. 새로운 공간이 생겨서 좋고 내 마음을 정리할 수 있어서 좋다. 다시 새로운 것을 채울 수도 있고, 가지고 있던 것에 대한 미련을 버리니 좋다. 나 자신을 비워 간다. 버리지 못한 마음의 앙금들도 조금씩 정리가 되고 나 자신이 깨끗해진다.

 당분간은 카페인 없는 차를 마셔야겠다. 알고 있으면서도 참을 수 없는 유혹, 어제의 달콤함은 이 새벽 나른함과 몽롱함의 후유증으로 다가온다. '지옥처럼 검고, 죽음처럼 강하며, 사랑처럼 달콤하다'는 커피에 관한 터키의 속담을 생각하면서 주전자에 뜨거운 물을 끓인다. 깊은 밤을 날아온 나의 몸에 서서히 따뜻함이 전해져 온다.

채식주의자

대학에 입학하고 얼마 되지 않아 친구들과 남쪽의 어느 사찰에 갔던 기억이 있다. 지금까지도 생각나는 것은 그때 먹었던 음식과 음식 예절이다. 나무 밥그릇에 밥과 단무지 한 조각이 전부였고, 다 먹고 나면 단무지로 밥그릇을 닦아서 물까지 마셨던 기억이 난다. 그리고 거기엔 고기가 없었다. 나물과 밥과 물이 전부였다.

친구들과 인사동 어느 사찰 음식점에 갔을 때 벽에 걸려 있던 글을 보고 그때 일이 떠올랐다. 아직도 맴도는 그 글귀(오관계)는, 음식은 자연이 준 것이니 귀하게 먹고 생명을 나누자는 말이었다.

> 이 음식이 어디서 왔는고
> 내 덕행으로는 받기가 부끄럽네
> 마음의 온갖 욕심 버리고
> 육신을 지탱하는 약으로 알아
> 도업을 이루고자 이 공양을 받습니다

유명 작가가 쓴 《채식주의자》가 한때 큰 반향을 일으켰다. 큰딸이 살고 있는 영국의 큰 서점가에서도 이 작가의 책이 앞쪽 좋은 자리를 차지

하고 있다고 딸이 말해 주었을 때 그 인기를 실감했다. 그즈음 나는 생각지도 못하게 몸이 많이 아팠다. 아프니까 생명의 소중함을 알게 되었고 몸을 정신적인 것 못지않게 생각하게 되었다. 모든 살아 있는 것에 대해 다시 생각해 보는 계기가 되었다.

집에 구름이(강아지)가 오면서 채식주의자가 되어 보겠다고 생각했다. 꼬물꼬물 귀여운 강아지, 온전히 사람들의 손에 맡겨진 운명대로 살아야 하는 약한 녀석을 챙기면서 생명을 소중히 여기는 법을 터득했다. 가족들의 식단 맞추기도 어렵고 단백질 섭취를 동물에서도 해야 한다는 주위의 말에도 귀가 솔깃해서 완전한 채식주의자로 변신하는 데는 실패했다. 온전히 채식으로 살아가기는 쉽지 않았다. 그렇지만 혐오식품은 입에 대지 않는다. 꼭 필요한 만큼만 먹으려고 음식을 적게 한다.

요즘은 채식의 문턱이 낮아졌다. 사람들이 간헐적 채식에 주목하고 있다고 한다. '월요일 채식주의자', '주말 채식주의자' 또는 '퇴근 후 채식주의자' 등을 말한다. 지구에도, 함께 살아가는 다른 종에게도, 인간에게도 이롭기 때문에 주로 채식을 하면서 간간이 고기를 먹는 플렉시테리언(flexitarian)이 늘어나고 있다는 것이다. 그러고 보니 나는 오랫동안 간헐적 채식주의자였다.

코로나19로 인한 팬데믹 상황에서도 아마존 열대우림에서는 여전히 화전과 난개발이 일어나고 있다고 한다. 축산업을 위한 목초와 사료용 곡식 재배지를 얻기 위해서다. 파괴된 아마존 열대우림의 80%는 축산업 때문이라니 놀랍다. 영화 〈소에 관한 음모〉에서는 공장식 축산 경영이 지구의 천연자원을 어떻게 훼손시키고 있는지 적나라하게 보여 준다. 음식 속에는 모든 생명이 담겨 있음을 생각하면 또 다른 팬데믹을 막을 수 있다고 생각한다. 채식은 개인의 기호를 넘어 전 지구적 관점의 환경 운동일지도 모른다.

며칠 전 강화의 정미 씨네 집에 갔다. 펜션을 운영하고 있던 옆집 언니에게서 늙은 호박 한 덩이를 얻었고 아무것도 넣지 않은 호박즙 두 박스는 샀다. 그리고 뒷산에서 주워 왔다는 밤 몇 움큼을 얻었다. 집에 와서 천천히 인터넷을 보면서 호박죽을 쑤었다. 찹쌀가루와 호박과 설탕 조금만 있으면 쉽게 되는 요리였다. 식구들이 모두 맛있는 건강 음식이라며 식탁에 모여들었을 때 나는 호기 있게 말했다. "음식은 바로 종합 예술이야!" 관심을 가지고 해 보니 된다. 좋은 재료로 맛있는 음식을 생각하면서 만드니 요리가 된다. 즐겁게 요리하면서 천천히 채식을 늘려 갈 것이다.

용기 있는 그녀들

　미국에서 시작된 '미투 운동'은 한국으로까지 영향권을 확대하고 있다. 검사에 이어 국회의원, 경기도 여성 의원, 각계각층의 여성들에 이르기까지 '미투 태풍'의 위력은 더욱 강해지고 있다.

　TV에서 최 시인의 충격적인 미투 사건을 들었다. 그가 발표한 〈괴물〉이라는 시가 사실에 입각한 내용이며 EN 선생이 우리나라를 대표하는 노벨평화상 후보까지 거론되던 시인이라니 믿어지질 않았다. 그가 몸담고 있는 세계에서는 부적절한 행동을 거절하거나 반발했을 때는 평론도 써 주지 않고 평도 해 주지 않으며 불러 주지도 않는다는 것이다.

　미투 폭로 후 2차 피해를 보았다는 이야기도 들린다. 어느 검사의 미투 폭로에는 진급에서 누락되어 한풀이를 한다느니 '#미투' 운동에 편승해서 이름을 알리려 한다거나 심지어는 꽃뱀 성향이 있는 여자라며 악담이 여과 없이 쏟아지고 있다고 한다. 최 시인에게도 '2차 가해' 논란이 일고 있다.
　그녀들은 아마 2차 피해가 올 것을 예견하고 있었을 것이다. 자신이 처한 상황에서 곤경을 겪게 되고, 더 나쁜 상황에 몰리게 될 수도 있음을 알았을 것이다. 그럼에도 미투 운동에 앞장선 그녀들의 행동은 진정한 용기라고 생각한다. 모두가 외면하는 상황일지라도 좀 더 나은 세상이 있을 거라 믿고 행동하는 사람들이 있기 때문에 삶은 희망이 있고 세상은 아름답다고 생각한다.

안타까운 이런 일들은 왜 일어나는 것일까? 여권 운동가들에 의하면 남성 우월주의가 만들어진 삐뚤어진 성 의식으로, 오랜 남성 중심, 남성 우월적 구조의 사회에서 남성과 여성 간에 '성적 계급'이 형성되었으며, 성적으로 열악한 위치에 있는 여성을 대상으로 '성적 폭력'을 휘둘렀다는 것이 공통된 해석이다.

영국에 살고 있는 딸에게 한국의 미투 운동을 이야기하면서 그곳은 어떤가 물었다. 영국 직장 내 성희롱이나 성차별은 거의 없다고 한다. 그런 면에서 영국은 분명 선진국이다. 딸은 여자들에 대한 노동환경이 좋아서 자신이 영국에서 살고 있다고 한다. 나로서는 그런 성차별 없는 세상에서 살고 있는 딸이 안심이 되었고, 우리나라 여성도 언젠가는 그런 환경에서 사는 날이 오지 않을까 생각했다.

직장 생활을 오래 한 나는 안다. 회식 후 술자리와 노래방 등에서 일어나는 기분 나쁜, 그러나 습관처럼 아니면 친숙함의 단결된 표시로 가까이하는 접촉의 순간들이 얼마나 기분 나쁜지를. 그때 나의 상사들은 본인이 안 먹는다고 술 한잔 따라 주지 않던 나를 차갑고 쌀쌀한 동료라고 생각했을 것이다.

　요즘은 또 홍대 누드크로키 몰카 사건으로 떠들썩하다. 다른 몰카 사건과 다르게 연일 메인뉴스를 장식하고 있다. 그리고 언론은 신속히 경쟁하듯 보도를 하고 경찰은 여성 피의자를 빨리 구속했다. 만약 모델이 여자였다면 이렇게 언론이나 경찰에서 신속히 대응하지 않았을 거라는 합리적인 의심을 하게 된다. 그동안 몰카 촬영 혐의로 구속된 사건들이 많았는데 남성 피의자들이었고 거의 집행유예였다. 심지어 지하철에서 여성의 치마 속을 몰래 촬영하다 검거된 현행범으로 검거된 한 판사는 현재 성범죄를 판결하는 재판을 맡고 있다고 한다. '남자 무죄 여자 유죄'. 우리나라는 남성에 대해 너무 관대하고 너그럽다. 남녀 차별적인 경찰의 행동에 여성들이 뿔이 났다. 그녀들은 붉은 옷을 입고 거리로 나와 항의했다.

　청와대 국민청원 홈페이지 게시판에는 성차별적인 수사에 '여성도 대한민국 국민입니다. 성별 관계없는 국가의 보호를 요청합니다'의 청원글에 '동의합니다'에 한 표를 누르고 나니 올해는 나도 용기 있는 한 해가 될 것 같은 기쁨이 왔다. 용기 있는 그녀들에게 박수를 보낸다. 여성과 남성들이 함께 살아가는, 어느 한쪽이 피해받지 않는 평등한 세상이 오기를 소망한다.

5장

물구나무서기

감이 익어 가는 계절

가을이 깊어 가고 있다. 감을 깎아 베란다에 말린다. 여행길에 대봉을 한 상자 사 왔는데 홍시가 되기 전 빨리 먹고 싶어 감말랭이를 만들고 있다. 아파트 베란다에서 곶감은 좀 힘들지만, 감말랭이는 충분히 말릴 수 있다.

계절도 하나의 공간이다. 이 가을의 공간에 붉은 감이 있다. 지난 충청도 여행에서도 감나무만 눈에 들어오더니, 강원도에서도 온통 감나무만 눈에 들어왔다. 가을 여행길, 감나무에 주황빛 과일이 주렁주렁 열려 있었다. 길가 집집마다 감나무 몇 그루씩 서 있는 시골의 풍경, 감나무가 많이 열린 곳을 지나다 보면 왠지 풍요로움을 느낀다. 겨우내 먹을 것을 구하느라 힘든 새들에게 남겨진 것 같기도 하여 인심 좋은 마을일 거라는 생각을 하게 한다.

어릴 적 감꽃이 필 무렵, 연한 빛깔의 도톰한 꽃을 주워 목걸이를 만들면서 감은 익기도 전부터 친근해졌다. 감은 여름이 오면서 푸르고 통통하게 익어 갔다. 바람이 불면 다 익기도 전에 떨어지기도 했는데, 비바람이 불고 난 새벽에 일찍 나무 밑에 가면 떨어진 감을 주울 수 있었다. 나와 동생은 몇 개쯤 떨어지면 혹시 주울 수 있을까 뒤뜰에 가 보곤 했다. 하지만 욕심 많고 호랑이 같던 윗집 할머니는 우리 집 뒤뜰로 감이 떨어질까 봐 늘 감나무 주위를 서성거렸다. 욕심쟁이 할머니도 바람 따라 멀리 떠나고 지금은 그 감나무도 찾아볼 수 없게 되었다.

내가 도시로 떠나온 후 새로 지은 시골 친정집에 감나무가 생겼다. 아버지가 심어 놓고 떠난 감나무가 이젠 제법 커서 감이 열린다. 올해는 엄마가 요양원으로 가시고 빈집 마당에 감나무 혼자서 열매를 맺었다. 내려오면 누구든지 마당에 가서 감 좀 따 가라고 시골 사는 동생이 채팅방에 올렸지만 다들 시큰둥하다. 지난번 갔을 때 보니 여기저기 벌레가 먹고 자잘해서 집에서 먹기도 쉽지 않은 상태였다. 주인 없는 빈집을 지키느라 감나무도 외로워서인지 열매가 시원치 않으니 그럴 수밖에.

색도 곱고 맛도 좋은 감은 몸에도 다양한 작용을 하는데 혈관 건강과 고혈압 예방에 도움을 주고 면역력 강화에도 좋다고 한다. 여럿이서 나눠 먹으면 몸도 마음도 더 건강해질 것 같다.

감말랭이는 외국에 나가 있는 딸에게 보내 주고 싶다. 딸은 공부할 때 달달한 것이 당기면 감말랭이를 찾곤 했었다. 그리고 감이 홍시가 되면 가까운 친구들과 나눠 먹고 싶다. 서로 나누고 남은 것은 겨우내 먹으며 달콤하고 행복하게 지낼 생각을 하니 올겨울 추위는 너끈히 이겨 낼 것 같은 생각이 든다. 시월이 붉게 깊어 간다.

모과

 깊어 가는 가을이 되었다. 내가 살고 있는 아파트에서 가장 눈에 들어오는 나무는 모과나무이다. 모과나무는 아파트 곳곳에 심어져 있다. 처음 이 아파트를 지을 때 조경을 담당한 분이 누구였을까 생각해 보며 우리에게 친근한 수목을 선택하여 정원을 만들어 준 분이 새삼 고마워진다. 지난해와 같이 풍성하게 열매를 맺은 모과나무는 잎을 적절하게 떨어뜨리고 나자 열매가 더욱 뚜렷이 돋보인다. 지난가을에 늦게까지 모과가 나무에 달려 있었던 것을 기억하는데 올해도 11월의 끝자락까지 남아 있다. 노르스름하고 푸른 나뭇잎도 아직은 많이 떨어지지 않고 달려 있다.

 얼마 전 바람이 세게 불고 날씨가 추워지던 날이었다. 찬바람에 얼른 집으로 들어가려고 하는데 어디선가 '툭' 하고 소리가 들렸다. 뒤돌아보니 모과가 내가 있는 쪽으로 구르고 있었다. 그것은 마치 모과나무에서 모과가 떨어져 나에게 오는 느낌이었다. 되돌아가서 화단 주위를 살펴보니 방금 떨어진 듯한 싱싱한 녀석이 몇 개 더 보였다. 가만히 들여다보다가 나도 모르게 주워 들었다.

한 개는 안방 침실 옆 탁자에 놓고 다른 한 개는 거실에, 그리고 나머지 하나는 작업실 나무책상에 올려놓았다. 예전엔 못생겼다고 생각했는데 자세히 보니 둥글게 울퉁불퉁한 모습도 보기 좋고, 노란빛과 은은한 향도 좋다. 좋아하는 기준도 시간이 지나며 달라지나 보다. 근처를 지날 때마다 은은한 향이 코끝에 스친다. 울퉁불퉁한 것 같으나 만져 보면 매끄럽고 참외 비슷하기도 하고 비단결처럼 윤이 나는 것 같기도 하다.

인터넷을 검색해 보니 모과는 폐를 도와 가래를 삭여 주고 기침을 멎게 하므로 만성 기관지염에 효과가 있고, 체력이 약하여 쉽게 피로하여 감기에 잘 걸리는 사람에게 좋다고 한다. 무릎이 시큰거리고 다리가 붓고 아픈 경우에도 좋으며, 허리와 무릎에 힘이 없는 경우, 팔다리가 저린 경우에도 좋다고 한다. 그 밖에도 모과의 효능이 엄청나다.

이 중 한 개를 모과차로 만들어 보기로 했다. 향이 진한 모과차로 이 겨울을 향기롭게 보낼 수 있을 것 같은 생각이 들어 행복한 기운이 가슴에 번졌다. 올겨울에는 모과차를 마셔야 할 것 같았다. 그래야만 될 것 같았다.

우선 모과를 식초에 담갔다가 깨끗이 씻어 물기를 닦았다. 끓는 물에 유리병도 소독했다. 잘 드는 독일산 쌍둥이 칼을 꺼내 편백나무 도마에 올려놓고 심호흡을 했다. 심혈을 기울여 바르게 선 다음 조심스레 칼로 모과의 중간쯤에 힘을 주어 눌렀다. 서서히 모과가 갈라지며 속살이 보였다. 은은한 색깔의 속살이 나타나고 한가운데에는 속껍질에 싸인 채 짙은 검정에 가까운 갈색의 씨앗들이 정갈하게 자리하고 있었다. 그것은 마치 오랫동안 도굴되지 않았던 무덤을 열었을 때와 같은 놀라운 기분이었다. 도저히 더 손을 댈 수가 없었다. 거실 텔레비전 장식장 위에 놓기로 했다.

벌써 며칠이 지났다. 가만히 들여다보니 잘 마르고 있다. 어떤 예술품보다도 아름답게 느껴졌다. 마치 나의 장신구라도 되겠다는 듯이 물기를 거두고 까슬거리면서도 아름답게 변하고 있다. 자기를 알아주는 누군가가 있다는 게 고마웠는지 이 녀석은 며칠이 지나도 썩지 않고 마치 잘 말린 꽃같이 습기만 날아가는 것 같다. 변함없이 향도 은은히 번진다. 자세히 들여다보니 속살은 배와 많이 닮았다.

어릴 적 초등학교 시절 짝꿍을 여러 번 했던 경숙이는 가을이 되면 나에게 모과를 자주 갖다주었다. 슬그머니 책상 속이나 내 주머니에 손을 밀어 넣어 하나씩 주었다. 책상 속에서 은은하게 번져 오던 향기, 공부하다 책상에 엎드리면 모과 향이 편안하고 친근하게 다가오곤 했다. 마음씨 좋고 성격이 활발했던 친구, 지금도 그녀의 집 모과나무에는 모과가 열릴까?

모과의 노란빛이 집 안에 환하다. 은은한 향기로 번진다. 겉만 번지르르하지 않은 사람 은은한 향기가 나는 사람, 알수록 향기로운 모과를 닮은 사람을 만나고 싶다. 나도 그런 사람이고 싶다.

꿈 작업

 어떤 순간들도 다시 오지 않을 것이기에 삶은 늘 소중하고 중요한 경험이다. 그리고 살면서 꿈을 가진다는 것은 자신을 더 사랑하는 방법이 아닐까 생각한다.

 초록의 빛나는 날, 나는 결혼을 했고 귀여운 아이들이 태어났다. 언제까지나 밝은 햇살이 비출 것만 같았다. 하지만 세상은 내 생각과 반대로 움직이고 있었다. 혼자 감당해야 하는 육아와 집안일, 그리고 바쁜 직장 일에 지치고 힘들었다. 게다가 IMF라는 소용돌이에 휘말려 남편은 직장까지 잃었다. 나는 탄성의 한계를 넘어섰다. 우울증에 빠져서 아무것도 할 수 없었다. 휴직을 했다. 아무 생각도 아무 의지도 생기지 않고 그저 무기력했다. 어떤 감정도 없이 숨만 쉬고 있을 뿐이었다. 다시 본래의 상태로 돌아갈 수 없을 것 같았다. 환한 대낮에도 어둠은 밀려오는 듯했다. 따스한 햇볕을 받으며 공원을 걷거나 근처 도서관에 가는 것이 내가 할 수 있는 유일한 일이었다.

 산자락에 자리 잡은 도서관은 내가 어릴 적 다니던 시골 도서관과 닮았다. 휴식이 필요할 때 찾는 쉼터처럼 편한 곳이었다. 그래서 평소에도 나는 이 도서관을 자주 찾았었다. 자격증 공부를 하거나 밀린 직장 일을 하기도 하고 아이들과 함께 와서 책을 읽기도 했다.

그날도 열람실에서 할 일 없는 사람처럼 서성이고 있었다. 별로 갈 곳도 없었고 도서관에서 시간을 보내다가 밖에서 햇볕을 쪼일 참이었다. 천천히 어떤 책들이 있는지 훑어보았다. 그러다가 열람실에서 지하로 내려가는 계단을 발견했다. 그곳은 비상구처럼 장서 뒤쪽으로 나 있어서 쉽게 눈에 띄지 않았다. 허름한 계단을 따라 내려가니 그곳에도 많은 도서들이 있었다. 십진분류법에 의한 100번부터 300번대의 철학, 종교, 사회과학 서적과 900번대의 역사 서적이 있었다. 어떤 기준에 따라 그곳에 구비해 놓았는지는 알 수 없지만, 열람을 잘 하지 않는 책들 같아 보였다.

무의식이나 정신세계에 관해 쓴 프로이트의 책들을 보다가 눈높이의 어느 지점에서 두꺼운 책을 발견했다. 페이지를 넘기다가 단어 하나가 눈에 띄었는데 마치 밤하늘의 반짝이는 별처럼 나의 가슴에 꽂혀 버렸다.

dreamwork! 우리말로 '꿈 작업'이란 단어였다. 왠지 이 단어가 나를 반짝이게 할 수도 있을 것 같은 생각이 들었다. 누군가가 내게 보내 주신 '말씀'같이 느껴졌다.

우리가 힘들 때 문득 다가와서 어깨 다독여 주는 사람이 있듯이, 내가 가장 힘들었을 때 손을 잡아 준 것은 눈에 보이지도 않고 실체도 없는 이 한 단어였다.

쉽게 말하면 꿈의 잠재 내용이 덜 위협적인 현재 내용으로 변형되는 과정을 '꿈 작업'이라고 하며 이렇게 꿈의 요소들을 해석함으로써 무의식으로 억압했던 자료들을 풀어내고 현재 투쟁에 대한 새로운 통찰을 얻을 수 있게 되는 것이다.

어떤 이해가 필요치 않았다. 나 나름대로 해석했고 나름대로 받아들였다. 그냥 그 단어가 나에게 박혔다고나 할까. 나는 나의 일들에 '꿈(dream)'을 넣기 시작했다. 아이디에도 넣고 비밀번호에도, 이곳저곳에 이 알파벳을 암호처럼 넣었다. 내 꿈의 방식을 그림 작품에도 나타내고 내 생활에도 나타내려 했다. 놀라운 단어의 힘을 믿으며 힘이 들고 어려울 때마다 기억했다. 꿈은 내가 만난 가장 아름답고 희망을 주는 단어였다.

40년간 '꿈 작업'을 해 온 미국의 제레미 테일러는 '꿈으로 들어가 다시 살아나라'고 했다.
"꿈 작업은 꿈이 주는 은유와 상징을 이해하려는 노력을 통해 영혼이 주는 선물을 받아들이는 것입니다. … 꿈을 기억하는 것은 그것을 감당할 수 있다는 말입니다. … 꿈을 꾸지 않는 사람은 없습니다. 다만 기억하지 못할 뿐이죠."

험난한 세상에서 목적지에 안전하게 도달할 수 있는 지표 중 하나는 '꿈' 때문이 아닐까! 나는 앞으로도 지나간 꿈에 대해 나의 영혼의 선물을 받으려 하지 않고, 나의 꿈을 계속하여 만들고 그것을 나의 것으로 만들려고 노력할 것이다.

클림트의 정원

유럽 여행 중 클림트의 원작을 직접 보게 되었다. 오스트리아 국립미술관으로 쓰는 벨베데레 궁전의 클림트 작품관에서였다. 그의 초창기 그림들부터 말년까지의 그림들이 진열되어 있었다. 초기에는 정교한 데생의 그림들을 그렸다는 것을 알 수 있었다. 그리고 서서히 그의 작품 특성인 화려한 장식을 한 여인들의 그림들로 바뀌는 것을 볼 수 있었다. 금 세공사의 아들답게 그림들이 대부분 금색으로 번쩍거렸다. 공예학교와 장식미술 학교에서 배운 장식과 공예들이 회화에 녹아들어 현대적인 그림들을 탄생시켰나 보다.

유명한 작품 〈키스〉 앞에서 발을 멈추어 섰을 때, 많은 사람들이 그림 앞에서 숨을 죽이며 움직이지 않고 있었다. 별이 반짝이는 듯한 황금빛 배경에 통짜 옷을 입은 듯한 강한 남성의 팔에 안긴 '키스' 주인공은 아마도 클림트가 많은 여인과의 복잡한 관계 속에 살았지만 죽을 때까지도 그를 떠나지 않았던 '에밀리 폴뢰게'일 거라고 추측하면서 그의 세계를 상상해 보았다.

그동안 그의 튀는 기법과 행동이 개인적으로는 그리 친근하게 다가

오지 않았고, 에로틱하고 야릇한 작품들이 주를 이루는 그의 정신세계에 왠지 가까이하기가 쉽지 않았는데, 왠지 이 작품에는 빨려 들 것 같은 신비한 감정이 들었다. 최근 국내 온·오프라인을 총망라하여 판매된 작품들을 집계하여 낸 순위 1위의 명화가 클림트의 〈키스〉라고 하던데 역시 뭔가 있긴 한 것 같았다.

〈키스〉 못지않게 한참을 보게 된 그림은 〈꽃이 있는 농장 정원〉이었다. 이번 여행 중에 알게 된 것은 그가 단순히 여인들의 육체만 그린 화가가 아니라 오스트리아의 아름다운 풍경을 축약한 듯한 느낌의 그림도 많이 그렸다는 것이다. 초기에는 아카데믹한 그림을, 말년에는 아름다운 풍경과 꽃들을 그렸다는 것을 알 수 있었다. 여러 종류의 꽃이 표현되어 있는 이 작품에서 클림트는 해바라기의 노란 잎과 함께 붉은색, 보라색, 흰색 등 다양한 색으로 화면을 가득 채웠다. 꽃의 잎사귀와 미묘하게 다른 풀밭의 녹색 계열의 색과 점이 화면을 더욱 풍성하게 보이게 했다. 작품에서 해바라기는 마치 요정처럼 서서, 다른 꽃들과 뒤섞임으로 인하여 더욱 화려하게 피어나는 것 같았다. 정방향의 캔버스에 그린 그림은 화사한 꽃밭으로 나를 인도했고 한참을 그곳에 머물게 했다. 나도 저런 아름다운 정원을 가꾸어 보고 싶은 생각이 들었다.

빈의 도시는 클림트의 작품을 스카프, 찻잔, 우산, 방석 등등 온갖 상품으로 만들어 가게든 길거리든 어디서나 팔고 있었다. 가는 곳곳마다 클림트의 세계였다. 한 화가 덕분에 이렇게 먹고살 거리가 생겼으니 이곳 사람들은 참 좋겠다 싶었다. 미술관의 아트숍에서 나도 기하학적인 무늬가 들어간 클림트의 작품으로 인쇄된 사각 스카프를 샀고, 길거리 상점에서도 클림트의 또 다른 작품을 샀다. 여행 내내 그의 작품을 몸에 두르면서 그의 작품세계를 느껴 보려 했다.

그림이란 작품을 통하여 자아를 성장시키는 것이며 자기의 내면세계를 표현하는 것이라고 알고 있다. 클림트가 자기를 성장시키며 작품들이 변해 갔듯이 자신의 장단점이 무엇인지 알고 더 발전시켜 나가는 삶은 아름답다는 생각이 든다. 나의 삶도 그러하기를 원하며 이 여행이 그 삶의 여정 중 뜻있는 시간이었다고 자신한다.

화사한 날씨다. 공짜로 환한 햇살을 마음껏 받으며 오늘 나도 붓을 들어 아름답고 편안한 나의 세계로 빠져 보려 한다. 삶은 끊임없이 도전하고 열정적으로 살아가는 자에게 아름다운 것, 나도 나의 정원을 잘 가꾸고 있는지 나를 돌아보면서 오늘 하루를 시작하려 한다.

동네 한 바퀴

1.

한겨울이지만 햇살이 비치는 한낮의 산책은 생각보다 춥지 않다. 천천히 아파트 정문 쪽으로 걸어간다. 양쪽으로 낮은 산들이 있다. 초등학교가 보이고, 맞은편 상가에는 엄마가 전에 입원하셨던 요양병원도 보인다.

엄마는 고관절 수술로 몇 달이나 요양했는데 언니, 동생하고 맛있는 음식을 싸 가지고 수시로 갔었다. 장미 만발한 길을 따라 휠체어를 밀면서 꽃구경을 했다. 함께 앉아 김밥을 먹던 그 의자도 그대로 있다. 이제는 시골로 내려가셨지만 아마 이곳에서 딸들과 함께했던 추억을 우리 형제들처럼 엄마도 잊지 못할 거라고 생각한다.

베르네천을 따라서 개나리 나무들이 쭉 심어져 있다. 추위에도 봄을 준비하는지 조금 통통해 보인다. 노란 개나리 울타리를 상상하면서 길을 건너 전원마을 주택가 쪽으로 걷는다. 카페와 맛집들이 즐비하다. 전에 왔던 오리고깃집은 장어집으로 바뀌어 있다. 다시 원미산 쪽으로 걸어 청소년 수련원 입구까지 가 본다. 나무 향이 가득하다.

숨을 크게 쉬면서 야트막한 원미산 등성이를 타고 넘으니 시립도서관이 햇볕을 받으며 자리하고 있다. 전에 많이 드나들었는데 가까운 곳에 도서관이 생기면서 발길이 뜸했던 곳이다. 근처로 이사를 왔으니 전부터 익숙했던 이 도서관은 이제 다시 친하게 될 것 같다. 상호 대차한 도서 두 권을 반납하고 다시 큰길로 나왔다. 종합운동장 쪽으로 걸으니 벚나무들이 줄지어 맞이하고 있다. 머잖아 분홍빛 꽃들이 흩날릴 상상을 해 본다.

차들도 많고 미세먼지도 많고 사람들이 많아서 걷기 불편하던 고층빌딩 가득한 동네를 떠난 지 벌써 몇 달이 지났다. 비록 은행에 가는데 두 정거장이나 가야 하고 백화점과 쇼핑센터를 찾아 차를 타고 나가야 하지만 나는 이곳이 맘에 든다. 가끔은 그곳이 그리울지라도 새로운 곳에서 사는 법을 빨리 터득하려고 한다.

2.

오늘은 사람들이 많은 시장 쪽으로 가 보기로 한다. 지도에서 미리 동네를 살펴보고 길을 나선다. 아파트 후문을 지나니 옹기 박물관이 나온다. 날이 풀리면 들어가서 천천히 보아야겠다. 길 건널목에서 장애인 아주머니의 오토바이와 택시가 부딪쳐 경찰이 왔다. 명절을 앞두고 택시 기사 아저씨도 수입을 올려야 될 텐데 우회전을 하다가 건널목에서 사고가 났으니 안타깝다.

도로는 지하철 공사가 한창이어서 사람들도 북적이고 어수선하다. 조금 더 걸어가니 양꼬치 집과 돼지 김치찌개 등 음식점들이 줄지어 나온다. 저녁 늦게까지 장사를 했는지 아니면 늦게서야 손님들이 오는 가게들인지 시간은 정오로 달려가는데 가게 안은 불이 꺼진 채 어둡다.

한참을 더 걸어가니 왼쪽으로 시장이 나온다. 설 명절이 코앞인데 사람들이 얼마 없다. 상인의 수가 더 많다. 경기가 어렵다더니 정말 그렇긴 한가 보다. 반찬가게들이 눈에 들어오고 채소며 떡이며 손님 맞을 준비를 하는데 왜 이리 손님들이 없을까. 다시 시장을 나와 큰길로 들어선다. 길가에 '완전 폐업 속옷 판매'라고 유리문에 붙여진 가게가 보인다. 들어간다. 폐업하는 것 같지는 않고 물건들을 늘어놓고 싸게 파는 가게같이 보였다. 이것저것 둘러보다가 그냥 나오기도 그렇고 해서 남편 속옷을 산다. 사이즈가 생각 안 나서 전화를 건다. 옷가게 주인은 나더러 너무 사이좋은 부부 같다고 한다. "그래요?" "너무 친절하고 상냥하게 전화를 거시네요." "전혀 그런 거 같지 않은데요." 하면서 나도 웃는다. 다시 이쪽저쪽 길을 두리번거리며 걷는다.

돌아오는 길에 시장이 하나 더 나온다. 들어가 본다. 아주 작은 시장이지만 필요한 물건들은 다 있는 듯 오밀조밀하다. 닭강정 집이 눈에 들어온다. 원래 잘 먹지 않는 닭요리이지만 한 마리 배달을 시킨다. 왠지 시장에서 튀겨 준 것은 더 달콤할 것 같기도 하고, 열심히 살아가는 사람들의 정을 맛보고도 싶다. 이 동네는 사람 사는 냄새로 가득한 동네 같다.

  동네 한 바퀴를 도는 나의 산책길, 그동안 잃어버리고 살았던 시간들을 되찾은 기분이다.

햇살이 내린다

환하게 빛나는 하루, 양지쪽을 향해 천천히 걷는다. 빛의 속도로 날아온 햇살은 나의 온몸에 쏟아진다. 이른 봄 아직은 추운 날씨에도 햇살 아래는 따스하다.

마을 앞을 지나고 낮은 산책로를 따라서 걷는다. 한가로운 길 위에, 건너편 낮은 지붕 위에, 달리는 버스의 차창에도 내린다. 보이는 학교 건물에도, 운동장에도 햇빛이 내린다. 은모래처럼, 물고기 비늘처럼 반짝이는 햇살에 두 손을 들어 감싸 본다. 햇살이 내린다.

빛이 눈부셔 바로 보지 못한다. 과분하게 내려오는 복을 받으며 길을 걷는다. 햇살에는 축복이라는 녀석이 늘 따라붙는 것만 같다. 햇살 아래서는 악한 모든 것들이 달아날 것 같다. 햇살 아래 모두 더 건강해질 것 같고 행복해질 것 같다. 공평하게 신이 내려 주는 생명의 빛 '햇살', 따스함과 희망과 생명이 함께하는 말일 거라고 생각하며 앞으로 나아간다.

온종일 직장에서 보낸 시간들, 빛나는 시간에도 창밖의 계절은 내게 멀기만 했다. 한낮의 햇살은 내게서 불가능하며 다가갈 수 없는 꿈같은 것이었다. 밝은 한낮에, 꽃피는 봄날에, 노을빛 단풍 붉은 가을날에도 햇살은 내게 오지 않았다. 잠시 창가에 머물다 가는 것조차 알아채지 못할 때가 대부분이었다. 내가 병원을 오가며 생명을 지키기 위해 투병할 때 아주 천천히 햇살이 다가왔다. 입원실 병동 창가에서 서성이던 햇살은 부드럽고 따스했다. 그리고 병원을 빠져나와 서서히 걸으며, 또 벤치에 앉아서 느긋하게 온몸에 샤워하듯 쏟아져 내리고 비로소 온전히 받았던 그 햇살은 내게 은혜였다. 내 몸의 모든 것을 소독할 수 있을 것 같은 성수였다.

풍경 속에 걷는 일이 작고 사소한 일이 아니라는 것을 알게 된 것은 오래되지 않았다. 때론 삶이 햇살처럼 눈부시다는 것을 거닐며 알았다. 맑은 하늘 아래 만난 크로아티아의 햇살, 오스트리아의 푸른 넓은 초원 위에 쏟아지던 햇살, 지리산과 섬진강의 맑은 햇살, 제주의 바다에 비치던 햇살. 분에 넘치는 일이라는 것을 알았다.

태양은 골고루 햇살을 모든 생명에게 공평하게 보낸다. 해의 살을 얻어먹고 마시고 초록이 자란다. 꽃 피우고 열매를 맺는다. 햇살에 생명을 얻고 초록이 자라고 지구가 살아간다. 지구가 움직이지 않으면, 내가 밖으로 나오지 않으면, 돌아보지 않으면, 그냥 지나 버리는 축복의 시간처럼 햇살을 받을 수 없다. 이제는 맘만 먹으면 언제나 햇살을 나가 만날 수 있다. 그동안 받지 못한 몫까지 챙기려 부지런히 햇살 속으로 나간다. 쏟아져 내리는 햇살에 몸을 맡긴다. 햇살이 내린다.

긴 겨울은 끝났다. 아름다운 날, 고운 햇살이 대지에 퍼진다. 찬란히 쏟아지는 햇살에 넋을 놓고 감탄한다. 아름다운 하루를 선물받았음에 감사하며 한 발 한 발 내디디며 빛을 받으며 나간다. 해의 살은 계속 쏟아져 내린다. 발걸음 옮기는 나의 온몸에 내린다. 햇살 속으로 깊이깊이 들어간다. 저 햇살 아래 내 상처를 말리면 아픈 그곳에도 새살이 돋아날 것 같은 하루다. 내 마음에도 따스한 햇살이 비친다.

화엄사 홍매화

두 해 전에 매화꽃을 보러 구례 화엄사에 갔었다. 산수유 축제에 갔다가 잠시 들렀는데 아름답고 황홀한 그 광경은 오래도록 기억에서 맴돌았다.

지난해 봄, 매화가 다시 필 무렵 화엄사 홍매화가 눈에 자꾸 어른거렸다. 갈 수 없음에 그때 찍었던 사진을 한동안 바탕화면에 깔아 놓고 살았다. 컴퓨터를 켤 때마다 볼수록 아름다운 매화꽃이 가슴을 설레게 했고, 켜면 매화 향기가 풍기어 오는 것 같기도 했다.

올해, 중국 우한으로부터 퍼져 들어온 '코로나19'는 이미 심각 단계를 넘어섰다. 미국 JP모건에서 예상하기를 3월 중순이면 한국의 '코로나19' 환자가 1만 명을 넘을 거라고 한다. 마스크 대란에 확진자는 늘어 가고, 대구 경북에서는 병상이 모자라고, 의사가 부족하고 가히 팬데믹이라고 할 수 있을 것 같다. 자발적 자가 격리가 계속되고 있는 날, 불안하고 우울한 시간 속에 남쪽 구례에서 근무하는 남편이 핸드폰으로 계속 봄소식을 전해 왔다. 그곳은 아직 환자들이 없고 청명한 날씨와 꽃들이 한창이라며 수시로 동영상을 보내고 실시간 화상통화로 나를 끌어들이려

한다. 혼자 지내기가 힘든가 보다.

주말에 드디어 집을 나섰다. 남편 응원도 하고, 꽃구경도 하면서 바람을 쐴 겸이다. 운전하는 걸 정말 싫어하지만, 대중교통을 이용할 수가 없어서 자가용으로 가기로 했다. 구름이도 차에 태워 데리고 간다. 강아지 사료, 밥그릇, 간식 그릇, 물, 앉을 방석…… 아가 챙기는 것 같다. 요 녀석, 꽃구경도 하고 드라이브도 하게 생겼다.

먼 길을 달려 도착한 구례, 숙소에 짐을 풀고 먼저 구경한 곳은 구례에서 멀지 않은 광양이었다. 3월의 첫날, 세상은 어수선해도 이곳은 천국처럼 평온했다. 광양엔 매화가 한창이었다. 홍매화, 청매화, 분홍빛 색색의 매화가 그윽한 향기를 풍긴다. 모두가 마스크로 얼굴을 가렸고 봄 축제는 진즉 사라졌지만, 살금살금 사람들은 꽃을 찾아들고 있었다. 띄엄띄엄 보이는 상춘객들도 잠시나마 어려운 시간들을 건너기 위해 나온 것이리라.

무언가 부족하다. 매화마을 꽃대궐 속에서도 왠지 진정한 매화꽃을 본 것 같지가 않음은 화엄사의 홍매화를 잊지 못하기 때문이라고 생각되었다. 구례로 돌아오는 길에 화엄사로 가기로 했다. 입구에서 "안내원에게 매화꽃 피었나요?" 하고 물어보니 아직 피지 않았다고 한다. 그냥 돌아오는 수밖에…… 아! 참 아쉽다. 올해 삼월의 첫날, 화엄사의 홍매화는 아직 피지 않았다.

매화 향기에 취하고 그 그리움에 한동안 몸살을 앓았던 시간을 생각하며 다시 찾은 그곳에서 발길을 돌렸다. 아마도 나는 화엄사 홍매화가 피었다는 소식이 들리면 다시 그곳으로 달려가지 않을까 생각된다.

오늘도 귀를 쫑긋하고 소식을 기다린다. 고고한 자태와 그윽한 향기가 주위를 감싸고 멀리서도 찾게 만드는 화엄사 홍매화를 생각한다. 화엄사 경내가 환하게 밝아지는 홍매화 앞에 다시 서는 상상을 해 본다. 황홀했던 기억, 그 아름다운 만남을 상상하면서 이 우울한 계절, 침묵의 봄을 건너고 있다.

물구나무서기

　요가의 꽃은 '물구나무서기'라고 한다. 팔을 서로 겹쳤다가 그 거리로 이등변 삼각형을 만들어 머리를 대고 서게 되는 자세다. 아무것도 의지하지 않은 채 몸을 거꾸로 선다는 것은 쉬운 일이 아니다. 연초에 요가를 다시 시작하면서 올 연말에는 물구나무서기에 성공하리라고 마음먹었는데 결국 목표를 이루지 못했다.

　수업 시간에 살그머니 다른 회원들을 보니 맨 앞자리에 요가 선배들은 물구나무를 잘 서고 있었다. 곧게 서기도 하고 반쯤 다리를 굽혀 하기도 했다. 몇 년이나 되었는지 물어보니 10년이 넘는 회원이 많았다. 쉽게 되지 않는다면서 못하는 게 당연하다는 듯 말했다. 나도 언젠가는 가능할 거라고 생각하니 살짝 위로가 되었다.

　해가 바뀌기 전 요가 매트와 타월을 새로 주문했다. 벽에 기대어 연습하는데, 구름이는 나의 이상한 자세가 무서운지 소파 뒤로 숨는다. 그러더니 소파 뒤로 숨어서 살금살금 옆방으로 가 버렸다. 평소와는 다른 자세가 겁이 많은 구름이에게는 낯설고 무서웠나 보다. 구름이도 곧 나의 자세에 익숙해질 때까지 열심히 해야 할 텐데……

달력이 한 장 더 남았지만, 올해는 힘들 것 같다. 크게 아파서 수술한 경험이 있으므로 잘못하다가는 도리어 부작용이 생길까 봐 무리하지 않기로 했다. 무리하게 시도하다가 뒤로 넘어져서 허리라도 다치면 큰일인데 하면서 겁을 내게 된다. 전에도 요가를 하다가 그만두게 된 이유가 팔목에 무리가 와서였기 때문이다. 몸 여기저기 함께 튼튼하고 유연해야만 이 목표를 이루어 낼 수 있을 것 같다. 욕심내지 않고 한 걸음씩 가기로 했다.

물구나무서기는 거꾸로 서 있기 때문에 균형을 잡기 위해서 어깨, 코어, 다리 등 근육의 힘을 바르게 쓰게 되고 그래서 체형 교정이 된다고 한다. 평소에는 서 있으면서 다리가 바닥을 향해 있어 다리 쪽으로 피가 많이 쏠리는데, 그것을 반대로 해 주어 혈액순환을 원활하게 해 주고, 하체 부종도 예방해 준다고 한다. 혈액순환이 잘되기 때문에 뇌 활동도 활발해지고, 만성피로도 회복시켜 준다. 계속 서 있으면서 우리의 몸속 장기들도 아래로 처지는 현상이 나타날 수 있는데, 물구나무를 서게 되면 처진 몸속 장기들의 제자리를 찾아 주고, 제자리로 돌려주는 효과가 있다. 균형을 잡아야 하는 동작이라 집중력과 균형감각을 길러 주고, 하루아침에 되는 동작이 아니니 차분하게 수련을 꾸준히 해야 하므로 인내심을 길러 주고, 감정이나 행동을 컨트롤하는 능력도 길러 준다. 머리가 바닥 쪽을 향하고 있으면 중력의 힘을 받아 처진 피부들을 리프팅해 주는 효과가 있을 수 있으므로 동안이 될 수 있는 방법 중 하나다. 여기저기 찾아보니 물구나무서기의 좋은 점이 정말 많다.

서서 일하고 서서 운동하고 저녁에 평형을 잡고 누울 때까지 중력의 방향을 내 힘으로 하루 한 번만이라도 바꾸어 본다면 내 삶도 무언가 바뀔 것 같은 생각이 들 때가 있다. 삶을 바꾸려면 원치 않는 행동을 유발하는 인적 네트워크를 허물고, 원하는 행동을 유발하는 네트워크 속으로 들어가야 한다고 한다. 갑자기 큰 수술을 하고 몸이 완전히 나락으로 떨어지던 즈음에 요가를 시작했다. 이전의 시간들이 다시 돌아오지는 않겠지만 바른 몸매는 유지하고 싶었다. 건강한 신체에서 모든 것이 나온다는 생각이 들었고 간절했다. 바른 자세를 간직하면 다시 지난날의 삶을 찾아갈 것 같았다.

　요가의 꽃은 아직 피우지 못했지만, 요즘은 한결 유연해지고 안 쓰던 근육이 움직이니 조금씩 내가 달라지는 것 같다. 이리저리 몸을 비틀고 늘려 보고 일상의 자세와는 다르게 몸을 펴 주니 변화가 감지된다. 생기가 돌고 안 보이던 저 안쪽에 생명들이 살아나는 듯하다. 서서히 안 되던 자세들도 되는 것을 보니 새해에는 해낼 것 같다. 생각해 보지 않던 길을 가는 것과 같은 느낌이다. 자세를 바꾸어 보는 것에서 내 삶이 달라질 수도 있다는 생각이 든다. 내 힘으로 곧게 물구나무서기하는 날 내 시간도 거꾸로 조금은 돌아오지 않을까 기대하면서 다시 계획을 세우고 새로운 한 해를 기다린다. 새해의 목표가 다시 새로 생겼다.

산타가 산다

 청년은 단말기에 교통카드를 찍었다. 몇 번을 대어도 '사용 불가능한 카드'라는 멘트가 나오자 어쩔 줄 모르고 다시 내리려 했다. 마을버스 기사는 그냥 타라면서 청년에게 엄마 미소를 지었다. 건너편 앞자리에 앉은 군복 입은 그 청년은 핸드폰을 만지작거린다. 혹시 누구에게 구원 신호를 보내는 건 아닐까? 나는 그 청년에게 자꾸 눈길이 갔다.

 온통 작은 섬들이 점점이 떠 있는 한가운데에 자리 잡고 있는 섬 완도는 마치 작은 섬들의 호위를 받고 있는 것 같았다. 바람 한 점 없는 잔잔한 바다는 고요 그 자체였다. 미루어 짐작하건대 길게 또는 둥글게 바다에 떠 있는 부표들은 양식업을 하는 표시일 거라고 생각했다. 특히 이곳에서 유명한 전복 양식장일지도 모르겠다.

 겨울이라서 지나가는 사람들도 관광객들도 많지 않지만 섬은 아름다웠다. 특히 난대 숲 수목원에서는 동백꽃들이 피어 봄날 같은 기분이었다. 3월이 절정이라는 동백꽃은 수종이 여러 가지인지 맺혀 있는 꽃도 있고 활짝 핀 꽃도 있고, 짙은 빨강, 분홍, 흰색 등 여러 가지가 있었다. 아름다운 동백꽃 속에 청해진 유적지와 청해 포구 촬영장까지 가는 곳곳마다 장보고의 자취가 스며 있었다. 바다를 호령하듯 서 있는 커다란 장보고 동상을 보니 자랑스런 조상들의 숨결이 느껴졌다.

　장보고가 세운 청해진 유적지는 '장보고 기념관' 건너편 완도 앞바다의 작은 섬인 장도에 있었는데 나무다리로 연결되어 있었다. 섬 전체가 하나의 방어 시설로, 우물, 성문, 사당 등 곳곳에 그가 나라를 지키던 흔적이 남아 있었다. 9세기 서남해안의 해적을 평정하고 당나라와 일본을 상대로 국제무역을 주도했던 인물 장보고, 우리 역사서보다 중국과 일본 역사서에 더 상세히 소개된 국제적인 인물 장보고. 우리 역사상 드물게 보이는 국제적인 인물이라 할 수 있을 것 같다.

　유적지를 보고 돌아오는 길, 찾고 있던 할머니는 보이지 않았다. 다리를 건너기 전 바닷물이 빠져 갯벌이 드러난 곳에서 조개를 잡고 있던 할머니였다. 일찍 들어가셨나 보다 생각하면서 할머니가 벌써 사라진 것에 아쉬워할 즈음이었다.

　눈을 들어 건너편 마을을 보니 주차장에 차가 서더니 빨간 옷을 입고 흰 수염을 한 산타가 내렸다. 산타가 이 섬마을에 나타난 것이다. 산타도 그룹을 결성했나. 모두 합하면 대여섯 명은 되어 보였다. 선물 보따리를 든 산타는 전체가 산타복을 입었지만, 다른 한 산타는 모자만 썼고, 어떤 산타는 웃옷만 빨간 산타복을 입었다. 눈을 떼지 못하고 바라보고 있으니 낮은 돌담의 어느 집으로 들어가고 있었다.

"야 산타다! 산타가 나타났다."

나는 산타를 만나려고 빠르게 다리를 건넜다. 그러나 산타는 얼마 지나지 않아 그 집을 나오더니 다시 주차장으로 향했다. 산타는 차에 오르고 서서히 차가 출발하기 시작했다. 나는 손을 흔들며 차를 향해 앞으로 달려서 다가갔다. 산타가 창문을 살며시 열고 내다보았다. 그러더니 운전하고 있던 모자를 쓴 산타가 차를 멈추더니 내렸다. 이어서 다른 산타들도 내렸다. 나는 산타의 손을 잡고 기뻐서 펄쩍펄쩍 뛰며 흔들었다.

"야 산타다! 산타가 나타났다."
"산타를 보려고 얼마나 달려왔게요."

산타들은 이리저리 자세를 취하면서 몇 장의 사진을 남겨 주었다. 마을을 돌면서 어르신들에게 선물을 준다고 했다. 산타는 어린이에게만 오는 것도 아니고, 어린이만 기쁜 것도 아니었다.

'산타는 누구라도 될 수 있고, 누구라도 선물을 받을 수 있어.'

손을 흔들며 산타가 떠날 때까지 지켜보다가 하마터면 아까 다리 아래서 굴을 캐던 할머니를 못 보고 지나칠 뻔했다.

할머니는 길가의 보도블록에 앉아 있었다. 내가 산타와 이야기하는 동안 우리들을 지켜보고 있었던 것 같다. 하지만 표정은 읽을 수 없었다. 주름진 얼굴이 나이가 꽤 들어 보였다. 옆에는 화실에서 수채화 물통으로 쓰는 파란 통 같은 곳에 방금 채취한 것이 확실한 굴이 들어 있었다. 굴을 살 수 있는지 묻자 할머니는 자기 집으로 가자고 했다. 보행기처럼 생긴 보조기구를 의지해서 걷는 할머니를 대신해서 굴 바구니를 들고 그녀가 가리키는 집으로 들어갔다. 산타가 머물렀던 주차장 바로 옆집이었다. 낮은 대문을 밀고 들어서니 할머니가 큰 소리로 저쪽으로 가서 채반을 가져오라고 했다. 귀가 조금 어두우신 것 같았다. 깨끗이 닦아서 가지고 가야지 그냥은 안 된다고 하면서 물가로 다시 향했다. 수돗물은 안 된다면서 따라오라고 한다. 다음 목적지가 있었으나 나는 할머니를 따라서 방파제 비슷한 곳으로 같이 갔다. 할머니는 바닷물이 맞닿아 있는 끄트머리에 앉더니 채반에다가 딴 굴을 쏟고 바닷물 속에서 양손으로 세게 흔들었다. 굴 껍데기가 바닷물 속으로 하얗게 떨어졌다. 그녀의 건조한 피부 각질처럼 느껴졌다. 나는 옆에서 할머니에게 이런저런 이야기를 건넸다.

"우리 엄마도 굴을 까서 시장에다 파셨어요. 저도 바닷가에 살았거든요."
"그래? 어디여?"
"충청도 바닷가요. 그런데 우리 엄마는 여든일곱인데 할머니는 어떻게 되셔요?"
"내가 네 살이나 많구먼. 그런데 결혼은 했어?"

나를 보고 결혼을 했는지 묻는 것을 보니 판단력이 약간 흐린 것 같기는 했지만 자식 생각이 나서일 거라고 추측했다. 할머니 말투에는 외로움이 묻어나 있었고 어떤 그리움도 느껴졌다. 웅웅거리며 맴도는 할머니의 발음과 사투리 같은 말에 알아듣지 못할 때도 있었지만 해석은 되었다. 확실하게 깨끗이 해서 팔아야 한다며 할머니는 굴을 대여섯 몇 번이나 바닷물에 씻고서야 마무리했다. 다음 여행지를 잊은 채 나는 할머니와 이런저런 얘기를 하면서 다시 방파제를 나와 다시 그녀 집으로 갔다.

"이거 이만 오천 원이면 너무 싸다. 삼만 원 받아도 디는디. 너무 싸게 불렀어."

젊었을 적에는 강단 있고 예쁘고 당찼을 것 같은 할머니는 살짝 흥정을 붙였다. 그러고는 인심 쓴다는 듯이 말하면서 비닐봉지에 꼭꼭 잘 묶고 다시 검은 비닐에 담았다. 어릴 적 엄마가 시장에서 하던 그 모습이었다. 지폐를 건네받은 할머니는 살펴서 잘 가라고 손을 흔들었다.

슬그머니 지갑을 들여다보니 지폐 몇 장이 보였다. 다른 사람들이 눈치채지 못하도록 나는 청년의 손에 지폐 몇 장을 쥐여 주고는 얼른 고개를 돌렸다. 살짝 밝아 오는 청년의 볼을 보면서 내릴 준비를 했다. 기사가 거울로 그 모습을 보는 것도 같았다. 기사는 정류장이 조금 더 남았는데도 정지 신호를 받고 있는 차의 문을 열어 주었다. 나의 아파트 정문에서 딱 맞춰서 내려 주었다. 100미터는 더 남아 있을 거 같은 거리를 미리 내려 준 기사가 고마웠다. 무언가 횡재한 기분이었다.

 금방이라도 눈이 내릴 것 같은 날씨, 미세먼지가 많은 날이지만 흰 눈이 내리면 하늘도 좀 더 깨끗해질 것이다. 곧 다가올 크리스마스는 화이트 크리스마스가 될 것이라고 확신하면서 집을 향해 빨리 걸었다.

후 엠 아이

 어린 꼬마였을 적에 나도 무지갯빛 같은 세계를 상상하곤 했다. 호기심이 많고 열정적인 소녀였다. 방이 일곱 개인 저택에서 살던 아가씨였다든가, 아니면 먼 이웃 나라, 전혀 다른 방식의 생활을 가진 거인국과 소인국 같은 곳에서 살던 사람이 아니었을까 하는 생각을 하기도 했다. 〈콩쥐팥쥐〉를 읽다가 내가 처한 현실을 생각하고 혹 내가 주인공 아닐까 하는 상상을 한 적도 있다. 역사책을 보다가 조상은 고려 충신인데 조선조에 와서 쇠퇴하여 그 후손인 내가 어려운 처지에 있나 하는 생각을 하기도 했다.

 케이블 채널의 인문학 특강 프로그램에서 한국인이 가장 좋아한다는 외국 작가 베르나르 베르베르가 나왔다. Who am I, 그가 생각하는 '후 엠 아이'는 무엇일까 채널을 고정했다.

 베르나르 베르베르를 처음 알게 된 것은 《개미》라는 소설을 통해서였다. 데뷔작인 《개미》는 한국에서 좋은 반응을 얻어 대박을 터뜨리면서 덩달아 다른 나라에 알려지게 되었고 전 세계에서 2천만 부가 팔렸는데 절반에 가까운 900만 부가 한국에서 팔렸다고 한다. 그는 작품 개미를 쓰기 위하여 직접 집 안에 개미집을 들여다 놓고 개미를 기르며 그들의 생태를 관찰했다고 한다. 게다가 12년 동안 120번이나 고쳐 썼다고 한다.

　강의 내용은 약간은 판타지 같았으나 재미있고 흥미로웠다. 자신이 111번이나 윤회를 했는데 100번은 운이 없었고 나머지 11번은 재미있는 인생을 보냈다고 한다. 그 속에서는 아틀란티스에도 살았다가 이집트 하렘의 여성으로도 살았다가 많은 경험을 했다고 했다. 상상한다는 것은 생각 자체로도 재미있는 일인데 베르나르 베르베르는 이런 무한한 상상력과 엉뚱함을 소설로 써서 큰 성공을 했으니 참으로 운이 좋은 사람인 것 같다.

　많은 꿈을 가졌고 그 꿈을 따라가다 보면 하늘 높이도 날 수 있을 것 같은 부푼 시간의 내가 있었다. 조금 더 컸을 때 한동안은 내가 누구인지, 내가 무엇을 위해 살고 있는지 의문이 들 때도 있었다. 그리고 내가 바라던 꿈에 가까이 다가간 것 같던 시절의 나도 있었다. 과거의 모든 것을 삼켜 버린 아픈 시간 위의 나도 있었다. 많이 달려왔지만 아직도 방향이 흔들리기도 하고 조금은 낯선 나를 만날 때도 있다. 어디로 갈지 다시 목표 수정을 하기도 한다. 그러면서 열심히 앞으로 앞으로 지금까지 왔다.

　지금의 나는 과거의 내가 먼 시간을 지나와 지금 이 모습 여기에 와 있다. 모습은 과거의 모습이 아닐지라도 기억들이 과거의 나를 붙잡고 있으니 온전히 현재의 나만이 나는 아닐 것이다. 전생이 누구였건 과거가 어쨌건 그리고 미래가 어떻든 나는 나이다. 나는 지금 나이고 그런 지금의 나를 사랑한다. 또한 다가오는 시간들은 더 아름다운 날들일 거라고 꿈꾸어본다.

무엇보다 더 중요하게 생각하는 것은 내가 어디에서 온 누구인가를 묻기보다는 앞으로 어디로 갈지를 물으면서 새로운 나를 만나는 것이다.

글을 마치며

　이번 글들은 지난 몇 년 동안 내가 한 고민들, 또 자연스럽게 변모해 온 나의 내면을 틈틈이 기록한 글이다. 삼 년 정도 모아 놓은 것이라 현재와 과거의 내가 혼재돼 있다. 이 기회를 통해 지난 시간 동안 어떤 변화를 겪었는지 스스로 정리되는 것 같아 의미가 있었다.

　늦가을 이사를 하고서 그해 겨울은 무척 춥고 힘든 계절이었다. 17년 만에 이동하는 새로운 장소는 나를 쉽게 허락해 주지 않았다. 하지만 봄이 되자 나에게 서서히 마음을 열어 맞아 주었고, 나는 천천히 기지개를 켰다. 첫 장의 이야기다.
　그러다 보니 자연스럽게 과거로 나를 데려갔고, 아득했던 지난날의 잊혔던 사람과 풍경과 일들이 나를 따라왔다. 아득한 빛으로 오는 지난 시간들에 젖어 보았다. 둘째 장에서도 이야기는 이어진다. 자연과 가까이 가면서 알게 된 것들의 이야기다. 그러자 자연과 함께했던 유년의 시간들이 따라왔다.
　세 번째 장에서는 이별과 새로운 만남 그리고 네 번째 장에서는 고요한 시간에 떠오르는 생각들을 정리했다.
　마지막 다섯 번째 장에서는 물구나무서는 나, 변화하는 나, 산타가 되는 나를 그려 보는 과정으로 마쳤다.

현재의 나를 살고 있지만, 과거 유년 시절의 시간들이 많이 생각났다. 서서히 시간이 가며 나는 내게 많이 호의적으로 변하고 있다는 생각을 했다. 세월의 흐름에 따라 자연스레 변화하는 흐름인가. 또 나는 나 자신 중심에서 외부로 확장되는 나도 발견했다. 살아가기 위해 급급했다면 주위를 둘러볼 수 있게 되었고, 생명에 대한 따뜻한 시선까지 생겼다.

늘 황량하고 메마른 광야 같다고 나의 살던 고향을 생각해 왔으나 그곳은 캔버스였다. 나를 키워 준 곳도 그곳, 산과 들이었다. 나를 강하게 키운 건 고향의 엄마였고, 나에게 순한 마음과 선한 생각을 갖게 해 준 건 그리운 아버지였음을 알았다. 텅 비어 있는 공간인 줄 알았는데 비어 있지만은 않은 곳이었음을 서서히 알게 된다.

요즘처럼 어려운 시기에 다시 퍼 올릴 것들이 있다면 복 있는 사람일 거라고 생각한다. 어렵고 힘든 순간이 와도 품위를 잃지 않고 농담 한마디쯤 할 줄 아는 여유와 유머를 지키며 살고 싶다.